Sammlung Außerdeutscher Strafgesetzbücher
in deutscher Übersetzung

Herausgegeben vom MAX-PLANCK-INSTITUT
für ausländisches und internationales Strafrecht in Freiburg i. Br.
durch Professor Dr. Hans-Heinrich JESCHECK, Freiburg i. Br.
und Professor Dr. Gerhard KIELWEIN, Saarbrücken

XCI.

Die japanische Strafprozeßordnung

(Keiji-Soshoho)
vom 10. Juli 1948

Berlin 1970

WALTER DE GRUYTER & CO.

Die japanische Strafprozeßordnung

(Keiji-Soshoho)
vom 10. Juli 1948

Übersetzt, eingeleitet
und mit Anmerkungen versehen

von

Dr. Hideo Nakamura

Professor an der Waseda-Universität, Tokio

Berlin 1970

WALTER DE GRUYTER & CO.

Gedruckt mit Unterstützung der Gesellschaft für Rechtsvergleichung

Archiv-Nr.: 2 4 6 3 70 1
Satz und Druck: Felgentreff & Co

Vorwort

Die geltende japanische Strafprozeßordnung ist im Jahre 1948 verkündet und seitdem mehrfach geändert worden. Der Übersetzung liegt sie in ihrer heutigen Fassung zugrunde.

Ich habe diese Übersetzung vor zwölf Jahren während meines ersten Aufenthaltes in Deutschland begonnen, konnte sie aber erst beenden, als ich im letzten Jahr wieder Gelegenheit hatte, in Deutschland zu arbeiten. Wie bei jeder Übersetzung stand ich vor der Alternative der wortgetreuen oder der flüssigen Wiedergabe. Wo der Sinn des japanischen Textes es zuließ, habe ich mich zur freien Übersetzung entschlossen in der Hoffnung, daß der Text dadurch für den deutschen Benutzer an Lesbarkeit gewinnt; wo entsprechende deutsche Begriffe fehlen oder sonst Zweifel auftreten können, habe ich mich um wortgetreue Wiedergabe bemüht.

Die Arbeit wäre ohne vielfältige Hilfe nicht zustande gekommen. Ich danke zunächst Herrn Professor Dr. Hans-Heinrich *Jescheck* dafür, daß er mir während der Arbeit stets mit seinem Rat zur Seite stand und die Veröffentlichung in der „Sammlung außerdeutscher Strafgesetzbücher in deutscher Übersetzung" ermöglichte. Frau Gisela *Mantel* und Herr Rechtsanwalt Dr. Hans-Heinz *Heldmann* haben mir vor zwölf Jahren freundlicherweise geholfen; die Alexander von Humboldt-Stiftung hat mir die Gelegenheit zur Forschung in Deutschland gegeben. Besonders aber muß ich Frau Dr. Barbara *Huber*, Referentin am Max-Planck-Institut für ausländisches und internationales Strafrecht in Freiburg danken. Sie hat mir auf Grund ihrer Kenntnisse des deutschen Strafprozeßrechts viele wertvolle Ratschläge gegeben und meine Übersetzung wesentlich verbessert. Ohne ihre ausdauernde Hilfe hätte ich diese Übersetzung nicht veröffentlichen können.

Freiburg im Breisgau, den 2. März 1969.

Hideo *Nakamura*

Inhaltsverzeichnis

Einleitung

I.

Bis zur Mitte des 19. Jahrhunderts hatte Japan eine eigenständige Rechtsordnung. Seit etwa 1870 wurde jedoch nach und nach europäisches Recht übernommen. Die erste japanische Strafprozeßordnung entwarf Professor *Boisonade,* Paris, nach dem Vorbild des französischen Code d'instruction criminelle. Sie trat 1880 in Kraft.

Der Erlaß eines modernen Verfassungsgesetzes im Jahre 1889 machte auch eine Reform der geltenden Strafprozeßordnung notwendig. Im Jahre 1890 wurde eine neue Strafprozeßordnung geschaffen. Diese Meiji-Strafprozeßordnung[1], fußte auf der japanischen Strafprozeßordnung von 1880, war aber stark von der deutschen Strafprozeßordnung von 1877 beeinflußt worden.

Etwa zehn Jahre danach begann man auf Grund der Erfahrungen in der Praxis die Reform der Meiji-Strafprozeßordnung. Reformentwürfe wurden 1901, 1916, 1921 vorgelegt; jedoch erst der letzte Entwurf fand die Billigung des japanischen Reichstags (verkündet im Jahre 1922, in Kraft getreten im Jahre 1924). Dieses neue Gesetz, die Taischo-Strafprozeßordnung[2], war stark von der deutschen Strafprozeßordnung und dem Entwurf der deutschen Strafprozeßordnung von 1920 beeinflußt. Die Taischo-Strafprozeßordnung galt, mehrfach geändert, bis nach dem zweiten Weltkrieg.

Viel verdankt das japanische Strafprozeßrecht auch der deutschen Gerichtspraxis und Rechtslehre. Dies beruhte insbesondere darauf, daß der im deutschen Strafprozeßrecht vorgesehene Büro- und Beamtenapparat den feudalen japanischen Verhältnissen leicht angepaßt werden konnte.

II.

Die Änderung des japanischen Verfassungsrechts nach dem zweiten Weltkrieg[3] machte die Anpassung der Strafprozeßordnung an die neue Verfassung notwendig. So wurde in der Folgezeit eine grund-

[1] Kaiser Meiji, 1868—1912.
[2] Kaiser Taischo, 1912—1926.
[3] Verfassung vom 3. November 1946, in Kraft getreten am 3. Mai 1947.

sätzliche Änderung des Strafprozeßrechts diskutiert. Um die geltende Strafprozeßordnung mit dem neuen Verfassungsgesetz in Einklang zu bringen, wurde zunächst das „Gesetz über vorläufige Maßregeln auf dem Gebiet des Strafprozeßrechts auf Grund des Inkrafttretens des japanischen Verfassungsgesetzes“ erlassen. Am 1. Januar 1949 schließlich löste eine völlig neue japanische Strafprozeßordnung (verkünd. 10. Juli 1948) die Taischo-Strafprozeßordnung und das genannte vorläufige Gesetz ab. Am selben Tag trat die vom Obersten Gerichtshof erlassene Gerichtsordnung[4] in Kraft, durch die die technischen Einzelheiten des Verfahrens geregelt wurden. Das Gerichtsverfassungsgesetz[5] und das daneben bestehende Gesetz über die Staatsanwaltschaft waren schon bei Erlaß des neuen Verfassungsgesetzes geändert worden.

Die neue Strafprozeßordnung von 1948 ist — anders als die vorangegangenen Strafprozeßordnungen — stark vom anglo-amerikanischen Strafprozeßrecht beeinflußt. Sie enthält jedoch auch noch viel aus dem deutschen Rechtskreis übernommenes Rechtsgut und verbindet so Elemente anglo-amerikanischen und deutschen Rechtsdenkens.

Die wichtigsten Änderungen, die die neue Strafprozeßordnung brachte, sind folgende:

1. Erweiterung der Rechte des Angeklagten

Schon die vorangegangene Strafprozeßordnung enthielt Bestimmungen über die Rechte des Angeklagten. Um der neuen Verfassung, die die „Wahrung der Menschenrechte“ in den §§ 31—40 besonders herausstellt, zu entsprechen, brachte die neue Strafprozeßordnung eine Erweiterung dieser Rechte besonders in folgender Beziehung:

a) Zwangsmaßnahmen der Ermittlungsbehörden sind jetzt außer im Falle des auf frischer Tat betroffenen Täters nur auf Grund eines schriftlichen richterlichen Befehls möglich. Die bisherige Strafprozeßordnung enthielt zwar die gleiche Regel, sah jedoch wesentliche Ausnahmen vor.

b) Der verhaftete Angeklagte kann vom Gericht die Mitteilung der Haftgründe verlangen (§ 82)[6].

---

[4] Die neue japanische Verfassung, die stark vom amerikanischen Verfassungsrecht geprägt ist, hat den Obersten Gerichtshof befugt, Bestimmungen über das Verfahren sowie die Angelegenheiten der Rechtsanwälte, der inneren Ordnung der Gerichte und der Justizverwaltung zu erlassen (rule making power: § 77 der jap. Verfassung).

[5] Eine Einführung in das moderne Justizwesen bietet *Röhl,* „20 Jahre neues Gerichtswesen in Japan“, DRiZ 1968, S. 406 ff.

[6] Außer dieser Bestimmung gibt es ein Gesetz über den Schutz der Menschenrechte, das dem Habeas Corpus im englischen Recht entspricht.

c) Dem Antrag auf Freilassung gegen Sicherheitsleistung muß das Gericht grundsätzlich entsprechen (§ 89 in der Fassung 1948)[7].

2. Besondere Betonung des Parteiprozesses

a) Die Inquisitionsmaxime und das Offizialprinzip wurden stark zurückgedrängt, was sich z. B. darin zeigt, daß die gerichtliche Voruntersuchung weggefallen ist.

b) Die Anklageerhebung erfolgt *allein* durch Einreichen der Anklageschrift ohne sonstiges Material. Akten und Beweismittel, die die Meinungsbildung des Richters beeinflussen könnten, dürfen der Anklageschrift nicht beigefügt werden (§ 256 Abs. 6).

Im neuen Strafprozeßrecht hat der Staatsanwalt nur die Stellung einer Partei, und allein der Richter urteilt über den Fall. Früher legte die Staatsanwaltschaft dem Gericht Akten und Beweismittel zusammen mit der Anklageschrift vor. Daher erhielt der Richter das Bild des Falles so, wie ihn die Staatsanwaltschaft sah.

Die dem Beschuldigten zur Last gelegte Tat, die in der Anklageschrift beschrieben sein muß, wird in der neuen Strafprozeßordnung durch bestimmte „Anklagepunkte" bezeichnet. Daneben erfolgt die gesetzliche Bezeichnung der Straftat unter genauer Angabe der verletzten Rechtsnorm (§ 256). Die Änderung der so abgefaßten Anklagepunkte oder der Angabe der verletzten Rechtsnorm während der Verhandlung ist durch strenge Vorschriften stark eingeschränkt worden (§ 312). Diese Konkretisierung des Streitgegenstandes schließt eine einseitige Erweiterung des Verfahrens durch den Staatsanwalt nicht aus[8].

c) Die Rechtsstellung des Angeklagten ist verstärkt worden. Seine Aussage hat jetzt das gleiche Gewicht wie die Aussage eines Zeugen. Der Angeklagte (bzw. der Beschuldigte) hat jetzt in der Hauptverhandlung (bzw. im Ermittlungsverfahren) das Recht zu schweigen (§§ 198 Abs. 2, 291 Abs. 2).

Die Stellung der Verteidigung ist wesentlich verbessert worden (§§ 30 ff.).

d) In der Hauptverhandlung herrscht nun stärker die Parteiherrschaft. Die Verhandlung entwickelt sich grundsätzlich auf Initiative beider Parteien (§ 298 Abs. 2, § 293 usw.).

e) In engem Zusammenhang mit der Parteiherrschaft stehen die näheren Vorschriften über die Beweisregeln, die auf anglo-amerikanischem Recht beruhen und die Grundsätze der Unmittelbarkeit und der Mündlichkeit besonders betonen.

---

[7] Vgl. aber Ziffer III 1 a dieser Einleitung.

[8] Vgl. Hideo *Nakamura*, Der Streitgegenstand im japanischen Strafprozeß, ZStW Bd. 69 (1957), S. 662.

Aussagen müssen grundsätzlich mündlich gemacht werden; dem Gericht und den Parteien muß Gelegenheit gegeben werden, Fragen zu stellen.

Eine lediglich schriftlich in das Verfahren eingeführte Aussage darf nicht verwertet werden. Der Beweis vom Hörensagen ist grundsätzlich ausgeschlossen (§ 320).

Eine Aussage des Angeklagten, die ein Geständnis im weiteren Sinne enthält, kann aber — auch wenn sie nur schriftlich vorliegt — dann beweisfähig sein, wenn sie freiwillig gemacht wurde (§ 322 Abs. 1).

Ist ein Geständnis das einzige Beweismittel, so kann eine Verurteilung daraufhin nicht erfolgen, einerlei, ob das Geständnis in oder außerhalb der Hauptverhandlung abgegeben wurde (§ 319 Abs. 2). Auch wenn der Angeklagte sich nur ganz allgemein der ihm zur Last gelegten Tat schuldig bekennt, genügt dies allein nicht zu seiner Verurteilung (§ 319 Abs. 3). Das Gericht muß die Tat im einzelnen aufklären. Das System des „arraignment“ des anglo-amerikanischen Rechts hat Japan nicht übernommen[9].

3. Änderung des Rechtsmittelsystems

Das neue japanische Strafprozeßrecht legt den Schwerpunkt der Verhandlung auf das erstinstanzliche Gericht. Die Berufungsinstanz ist nicht mehr zweite Tatsachen-Instanz wie im deutschen und wie im bisherigen japanischen Strafprozeßrecht. Wohl unterliegt das Urteil der Berufung in rechtlicher wie auch in tatsächlicher Hinsicht, jedoch werden die Tatsachenfeststellungen des erstinstanzlichen Urteils allein auf Grund des in der ersten Instanz vorgelegten Materials nachgeprüft. Die Prüfung des erstinstanzlichen Urteils wird auf den Zeitpunkt seiner Verkündung bezogen. Nach diesem Zeitpunkt zutage getretene Umstände werden in der Berufungsinstanz grundsätzlich nicht berücksichtigt. Neue Tatsachen und neue Beweismittel, die in der ersten Instanz hätten vorgelegt werden können, sind grundsätzlich in der Berufungsinstanz ausgeschlossen (Ausnahme § 393)[10].

Die Revision ist reine Rechtsinstanz, zulässig bei Verletzung einer Verfassungsnorm oder bei Abweichung von einer Entscheidung des Obersten Gerichtshofes (§ 405).

4. Sonstige Änderungen

a) Die neue japanische Strafprozeßordnung geht wie die vorangegangene vom Anklagemonopol der Staatsanwaltschaft aus[11]. Je-

---

[9] Vgl. aber Ziffer III, 2 dieser Einleitung.
[10] Vgl. aber Ziffer III, 3 dieser Einleitung.
[11] Der Begriff „Privatklage“ ist im japanischen Strafprozeß unbekannt.

doch wird jetzt das Verfahren der Staatsanwaltschaft durch einen neu errichteten Prüfungsausschuß kontrolliert[12]. Wenn der Staatsanwalt in einer Strafsache wegen Mißbrauchs der Amtsgewalt und ähnlicher Delikte keine Anklage erhebt, so tritt, nach einem bestimmten Verfahren, in dieser Sache ein Rechtsanwalt an die Stelle des Staatsanwalts (§§ 262 ff.).

b) Ein Wiederaufnahmeverfahren ist nur noch *zugunsten* des Angeklagten möglich (§§ 435, 436).

c) Die Vorschriften über die Entschädigung des Verletzten im Strafverfahren (§ 403 der deutschen StPO) sind aufgehoben worden.

d) Das Schwurgericht, das für die Dauer des letzten Krieges abgeschafft wurde, ist noch nicht wieder eingeführt worden.

III.

Von 1949 bis 1958 hat diese neue Strafprozeßordnung neun, jedoch nur unwesentliche Änderungen erfahren[13]. Das Gesetz ist unter der Aufsicht der amerikanischen Besatzungsbehörden entstanden. Seine Ausarbeitung geschah unter Zeitdruck. Schon bald zeigte sich eine Reihe schwacher Stellen. Seit Abschluß des Friedensvertrags zwischen Japan und den USA im Jahre 1951 sind ständig und intensiv Änderungen der Strafprozeßordnung erörtert worden, die zur Verbesserung des Strafprozesses unter Beibehaltung des Charakters der neuen Strafprozeßordnung führen sollten.

Die wichtigsten Änderungen sind im Jahre 1953 ergangen. Sie sind folgende:

1. Der sehr stark betonte „Schutz des Angeklagten“ ist wieder eingeschränkt worden:

a) Das Gebot der Freilassung des Angeklagten gegen Sicherheitsleistung ist beschränkt worden (§ 89).

b) Die gesetzlich streng begrenzte Zeitdauer für die Untersuchungshaft vor der Anklageerhebung darf ausnahmsweise ein zweites Mal verlängert werden (§ 208-2).

c) Wenn der verhaftete Angeklagte sich mit Gewalt weigert, zur Hauptverhandlung zu erscheinen, kann die Hauptverhandlung auch dann ohne ihn stattfinden, wenn sein Erscheinen nach dem Gesetz notwendig ist (§ 286-2).

---

[12] „Kensatsu-Shinsakaiho“ (Gesetz über den Prüfungsausschuß für die Staatsanwaltschaft, 1948).

[13] Novellen vom: 21. Dezember 1948 (Gesetz Nr. 260); 28. Mai 1949 (Gesetz Nr. 116); 21. Juli 1952 (Gesetz Nr. 240); 31. Juli 1952 (Gesetz Nr. 268); 7. August 1953 (Gesetz Nr. 172); 10. August 1953 (Gesetz Nr. 195); 1. April 1954 (Gesetz Nr. 57); 8. Juni 1954 (Gesetz Nr. 163); 30. April 1958 (Gesetz Nr. 108).

d) Der Angeklagte muß die öffentliche Sitzung verlassen, wenn zu erwarten ist, daß der Zeuge aus Furcht vor dem Angeklagten keine vollständigen Aussagen machen wird (§§ 304-2, 281-2).

2. Es ist ein vereinfachtes Verfahren geschaffen worden (§ 307-2). Wenn der Angeklagte sich in der erstinstanzlichen Verhandlung im Sinne der Anklage schuldig bekennt, so kann er hiernach abgeurteilt werden (§ 291-2, 3).

3. Die Berufungsinstanz ist in weiterem Umfang auch wieder Tatsacheninstanz geworden. So können Tatsachen und Beweismittel, die aus unvermeidbaren Gründen in erster Instanz nicht vorgebracht worden sind, im Berufungsverfahren berücksichtigt werden (§ 382-2). Das Berufungsgericht kann ferner von Amts wegen die nach dem erstinstanzlichen Urteil entstandenen Umstände, die die Strafzumessung beeinflussen können, berücksichtigen (§ 393 Abs. 2). Die bisherige Konzeption der Berufungsinstanz in der neuen Strafprozeßordnung hatte sich in der Praxis nicht sehr bewährt.

IV.

Im Jahre 1954 wurde ein Gesetz über das Verfahren zur sofortigen Entscheidung in Verkehrsstrafsachen erlassen. Dieses Gesetz bezweckt eine schnelle Erledigung der mit jedem Jahr stark zunehmenden Verkehrsstrafsachen. Hiernach können Verkehrsstrafsachen auf Antrag des Staatsanwalts beim Amtsgericht verhandelt werden, und der Täter kann sofort zu einer Geldstrafe bis zu 50 000 Yen verurteilt werden. Anders als im summarischen Verfahren findet eine öffentliche Verhandlung statt, jedoch gelten die strengen Vorschriften über die Beweisaufnahme in diesem Verfahren nicht. Der Angeklagte kann innerhalb von 14 Tagen nach Erlaß der sofortigen Entscheidung die ordentliche Hauptverhandlung beantragen.

Besondere Verfahrensregeln gelten ferner in Jugendstrafsachen[14].

Japan hat in der neuen Strafprozeßordnung versucht, kontinentaleuropäische Rechtsinstitute, die auch die alte japanische Strafprozeßordnung enthielt, und solche des anglo-amerikanischen Rechts in Einklang zu bringen. Äußerlich ist dieser Versuch einigermaßen gelungen. Aber er brachte dem neuen japanischen Strafprozeß zugleich neuartige schwierige Probleme, die sich nicht eindeutig vom angloamerikanischen oder vom deutschen Vorbild her lösen lassen. Hinzu kommen mehrere Umstände, die besondere Schwierigkeiten bringen: Während das Verfahrensrecht stärker dem anglo-amerikanischen Recht angenähert worden ist, hat das materielle Strafrecht Japans das kontinental-europäische System beibehalten. Das letztere gilt auch für das Gerichtsverfassungsrecht, mit Ausnahme allerdings der

---

[14] „Shonenho" (Jugendgesetz, 1948).

Ordnung des Obersten Gerichtshofes[15]. Die Praktiker, die mit der neuen Strafprozeßordnung zu arbeiten hatten, waren im kontinental-europäischen Rechtsdenken erzogen worden und konnten sich besonders im Anfang nicht leicht in die Grundsätze des anglo-amerikanischen Strafprozesses einleben. Einige Kritiker bezeichnen daher die neue Strafprozeßordnung als ein Beispiel schlechten „Aufpfropfens".

Seit Inkrafttreten der japanischen Strafprozeßordnung sind 20 Jahre vergangen. Theorie und Praxis vermochten noch kein einheitliches Bild des Gesetzes zu zeichnen. Inzwischen sind die Kenntnisse des anglo-amerikanischen Rechtes wesentlich gewachsen, zahlreiche Entscheidungen zum Strafprozeßrecht sind veröffentlicht. Die japanischen Gerichte und die Rechtslehre bemühen sich um die Schaffung eines modernen stabilen Verfahrensrechts. Ob sie Erfolg haben, wird die Zukunft zeigen.

---

[15] Der Oberste Gerichtshof ist mit 15 Richtern besetzt. Er ist gleichzeitig Verfassungsgericht und oberste Instanz für alle Gerichte. Daraus wiederum erwachsen schwierige Probleme für das Rechtsmittelsystem.

STRAFPROZESSORDNUNG

vom 10. Juli 1948 (Gesetz Nr. 131),
in Kraft getreten am 1. Januar 1949

ERSTES BUCH

Allgemeine Vorschriften

§ 1 Zweck des Gesetzes

Zweck dieses Gesetzes ist die Aufklärung des wahren Sachverhalts in Strafsachen sowie die gerechte und unverzügliche Anwendung der Strafgesetze unter Berücksichtigung des öffentlichen Wohls und der Garantie der fundamentalen Menschenrechte des einzelnen.

1. ABSCHNITT

Zuständigkeit der Gerichte

§ 2 Örtliche Zuständigkeit

1. Die örtliche Zuständigkeit der Gerichte wird durch den Tatort, den Wohnsitz oder den gewöhnlichen oder gegenwärtigen Aufenthaltsort des Angeklagten bestimmt.

2. Wird eine strafbare Handlung an Bord eines japanischen Schiffes außerhalb des japanischen Hoheitsgebietes begangen, so wird die örtliche Zuständigkeit außer durch die in Abs. 1 aufgeführten Orte durch den Heimathafen des Schiffes oder den Hafen, den das Schiff nach der Tat zuerst erreicht, bestimmt.

3. Wird eine strafbare Handlung an Bord eines japanischen Flugzeuges außerhalb des japanischen Hoheitsgebietes begangen, so wird die örtliche Zuständigkeit außer durch die in Abs. 1 aufgeführten Orte auch durch den Ort, in dem das Flugzeug nach der Tat zuerst landet (bzw. wassert), bestimmt.

§ 3 Gemeinsamer Gerichtsstand bei zusammenhängenden Strafsachen

1. Besteht ein Zusammenhang zwischen mehreren Strafsachen, die zur sachlichen Zuständigkeit verschiedener Gerichte gehören, so können sie gemeinsam bei einem höheren Gericht anhängig gemacht werden.

2. Besteht ein Zusammenhang zwischen Strafsachen, die zur besonderen Zuständigkeit eines Oberlandesgerichts gehören, mit anderen Strafsachen, so können sie beim Oberlandesgericht anhängig gemacht werden.

§ 4 Trennung der Verfahren

Sind zusammenhängende Strafsachen, die zur sachlichen Zuständigkeit verschiedener Gerichte gehören, bei einem höheren Gericht anhängig und ist eine gemeinsame Verhandlung unnötig, so kann das höhere Gericht durch Beschluß eine Strafsache an ein zuständiges unteres Gericht verweisen.

§ 5 Verbindung der Verfahren

1. Sind mehrere zusammenhängende Strafsachen getrennt bei einem höheren und einem unteren Gericht anhängig, so kann das höhere Gericht ungeachtet der sachlichen Zuständigkeit die beim unteren Gericht anhängige Strafsache durch Beschluß an sich ziehen.

2. Ist eine Strafsache, die zur besonderen Zuständigkeit eines Oberlandesgerichts gehört, bei einem Oberlandesgericht anhängig und steht sie mit einer Strafsache, die bei einem unteren Gericht anhängig ist, in Zusammenhang, so kann das Oberlandesgericht die zur Zuständigkeit des unteren Gerichts gehörende Strafsache durch Beschluß an sich ziehen.

§ 6 Gemeinsamer Gerichtsstand bei zusammenhängenden Strafsachen

Zusammenhängende Strafsachen, die zur örtlichen Zuständigkeit verschiedener Gerichte gehören, können bei einem der zuständigen Gerichte gemeinsam anhängig gemacht werden. Das Gericht ist jedoch nicht für Strafsachen zuständig, die gemäß anderen Gesetzen zur Zuständigkeit eines bestimmten Gerichts gehören.

§ 7 Trennung der Verfahren

Sind bei einem Gericht mehrere zusammenhängende Strafsachen anhängig, die zur örtlichen Zuständigkeit verschiedener Gerichte gehören, und ist die gemeinsame Verhandlung einer Strafsache mit den übrigen Strafsachen unnötig, so kann das Gericht diese durch Beschluß an ein anderes zuständiges Gericht verweisen.

§ 8 Verbindung der Verfahren

1. Sind mehrere zusammenhängende Strafsachen einzeln bei verschiedenen Gerichten mit gleicher sachlicher Zuständigkeit anhängig,

so kann jedes der Gerichte auf Antrag des Staatsanwalts oder des Angeklagten durch Beschluß die Verbindung bei einem der Gerichte anordnen.

2. Weichen im Fall des Abs. 1 die Beschlüsse mehrerer Gerichte voneinander ab, so kann das gemeinschaftliche nächst höhere Gericht auf Antrag des Staatsanwalts oder des Angeklagten durch Beschluß die Strafsachen bei einem der Gerichte verbinden.

§ 9 Zusammenhängende Strafsachen

1. Mehrere Strafsachen stehen im Zusammenhang:

(1) wenn eine Person mehrere strafbare Handlungen begangen hat;

(2) wenn mehrere Personen gemeinsam dieselbe oder verschiedene strafbare Handlungen begangen haben;

(3) wenn jede von mehreren in gemeinsamem Einverständnis handelnden Personen eine andere strafbare Handlung begangen hat.

2. Begünstigung, Unterdrückung von Beweisen, Meineid, Abgabe falscher Sachverständigenbeweise oder falsches Dolmetschen sowie Hehlerei gelten als gemeinsam mit der Haupttat begangen.

§ 10 Rechtshängigkeit der Strafsache bei mehreren Gerichten

1. Ist dieselbe Strafsache bei mehreren Gerichten verschiedener sachlicher Zuständigkeit anhängig, so wird die Strafsache vor einem höheren Gericht verhandelt.

2. Das höhere Gericht kann auf Antrag des Staatsanwalts oder des Angeklagten die Strafsache durch Beschluß einem der unteren Gerichte zur Verhandlung zuweisen.

§ 11

1. Ist eine Strafsache bei mehreren Gerichten gleicher sachlicher Zuständigkeit anhängig, so wird die Strafsache vor dem Gericht verhandelt, bei dem zuerst Anklage erhoben worden ist.

2. Das gemeinschaftliche nächst höhere Gericht kann auf Antrag des Staatsanwalts oder des Angeklagten die Strafsache durch Beschluß dem Gericht zur Verhandlung zuweisen, bei dem die Anklage später erhoben wurde.

§ 12 Erfüllung der Rechtspflege außerhalb des Zuständigkeitsbereichs

1. Ein Gericht kann außerhalb seines Zuständigkeitsbereichs tätig werden, wenn die Tatsachenaufklärung dies erfordert.

2. Abs. 1 gilt entsprechend für den beauftragten Richter.

§ 13 Unzuständigkeit und Wirksamkeit von Prozeßhandlungen

Prozeßhandlungen sind nicht wegen Unzuständigkeit des Gerichts ungültig.

§ 14 Unzuständigkeit und dringende Maßnahmen

1. In dringenden Fällen darf ein unzuständiges Gericht die zur Tatsachenaufklärung notwendigen Maßnahmen ergreifen.

2. Abs. 1 gilt entsprechend für den beauftragten Richter.

§ 15 Antrag auf Bestimmung der Zuständigkeit

Der Staatsanwalt muß bei dem für die betroffenen Gerichte erster Instanz gemeinschaftlichen nächst höheren Gericht die Bestimmung des zuständigen Gerichts beantragen, wenn

(1) das zuständige Gericht wegen unbestimmter Bezirksgrenzen nicht ermittelt werden kann;

(2) ein Gericht durch eine rechtskräftige Entscheidung seine Unzuständigkeit ausgesprochen hat, ohne daß ein anderes Gericht zuständig ist.

§ 16

Fehlt eine gesetzliche Zuständigkeitsregelung oder läßt sich ein zuständiges Gericht nicht ermitteln, so muß der Oberste Staatsanwalt[1] beim Obersten Gerichtshof die Bestimmung des zuständigen Gerichts beantragen.

§ 17 Antrag auf Verweisung

1. Der Staatsanwalt muß bei dem nächst höheren Gericht die Verweisung der Strafsache an ein anderes Gericht beantragen,

(1) wenn das zuständige Gericht aus rechtlichen Gründen oder wegen besonderer Umstände an der Ausübung des Richteramtes verhindert ist;

(2) wenn wegen der öffentlichen Meinung in dem Gerichtsbezirk, der Umstände des Verfahrens oder anderer Umstände zu befürchten ist, daß der Erlaß eines unparteiischen Urteils nicht gewährleistet ist.

2. In den Fällen des Abs. 1 kann auch der Angeklagte die Verweisung der Strafsache an ein anderes Gericht beantragen.

---

[1] Der Oberste Staatsanwalt ist der höchste Beamte der Obersten Staatsanwaltschaft; diese entspricht dem Obersten Gerichtshof. Früher gehörte die Staatsanwaltschaft zum Gericht. Mit der neuen Fassung des Staatsanwaltschaftsgesetzes wurde die Staatsanwaltschaft jedoch selbständiges Organ der Rechtspflege und vom Gericht unabhängig. Jedem Gericht entspricht eine Stufe der Staatsanwaltschaft: Dem Obersten Gerichtshof entspricht die Oberste Staatsanwaltschaft, an deren Spitze der Oberste Staatsanwalt steht; dem Oberlandesgericht entspricht die Oberstaatsanwaltschaft, an deren Spitze der Generalstaatsanwalt steht; dem Land- und Familiengericht entspricht die Landesstaatsanwaltschaft mit dem Oberstaatsanwalt als Chef der Behörde; dem Amtsgericht entspricht die Amtsstaatsanwaltschaft.

§ 18

Ist wegen der Art der strafbaren Handlung, der öffentlichen Meinung in dem betreffenden Bezirk oder wegen anderer Umstände eine Gefährdung des öffentlichen Friedens zu befürchten, wenn die Strafsache vor dem zuständigen Gericht verhandelt wird, so muß der Oberste Staatsanwalt die Verweisung der Strafsache an ein anderes Gericht bei dem Obersten Gerichtshof beantragen.

§ 19 Verweisung der Strafsache

1. Aus Gründen der Zweckmäßigkeit kann ein Gericht auf Antrag des Staatsanwalts oder des Angeklagten oder von Amts wegen durch Beschluß die Strafsache an ein anderes Gericht gleicher sachlicher Zuständigkeit verweisen.

2. Nach Beginn der Beweisaufnahme soll eine Verweisung nicht mehr erfolgen.

3. Gegen den Beschluß, durch den eine Strafsache an ein anderes Gericht verwiesen wird oder durch den der Antrag auf Verweisung abgelehnt wird, kann unter Glaubhaftmachung der Gründe sofortige Beschwerde nur dann eingelegt werden, wenn durch den Beschluß Interessen ernsthaft verletzt werden.

2. ABSCHNITT

Ausschluß und Ablehnung von Gerichtspersonen

§ 20 Gründe der Ausschließung

Ein Richter ist von der Ausübung des Richteramtes ausgeschlossen,

(1) wenn er selbst der Verletzte ist;

(2) wenn er ein Verwandter des Angeklagten oder des Verletzten ist oder war;

(3) wenn er der gesetzliche Vertreter, der Aufseher des Vormunds oder Pfleger des Angeklagten oder des Verletzten ist;

(4) wenn er in der Sache als Zeuge oder Sachverständiger vernommen werden könnte;

(5) wenn er in der Sache als Vertreter, Verteidiger oder Beistand des Angeklagten aufgetreten ist;

(6) wenn er in der Sache als Staatsanwalt oder als Justizpolizeioffizier[2] tätig gewesen ist;

---

[2] Der Ausdruck „Justizpolizeioffizier“ ist ein Begriff der Strafprozeßordnung. In der Praxis handelt es sich um einen Polizeibeamten des gehobenen oder höheren Dienstes. Näheres siehe in den §§ 199 Abs. 2, 189, 190.

(7) wenn er an dem in § 266 Ziff. 2 erwähnten Beschluß, an einem Strafbefehl, an der Entscheidung der unteren Instanz, an dem angefochtenen Urteil in der Sache, die gemäß §§ 398—400, § 412 oder § 413 zurückverwiesen oder an ein anderes Gericht verwiesen worden ist, oder an der Untersuchung, auf deren Ergebnis obige Entscheidungen beruhen, teilgenommen hat. Dies gilt jedoch nicht, wenn er als ersuchter Richter teilgenommen hat.

§ 21 Ablehnungsgründe; Antragsberechtigte

1. Ist ein Richter von der Ausübung des Richteramtes auszuschließen oder ist zu befürchten, daß er ein parteiisches Urteil fällen wird, so können der Staatsanwalt oder der Angeklagte ihn ablehnen.

2. Der Verteidiger kann zugunsten des Angeklagten einen Ablehnungsantrag stellen. Dies darf jedoch nicht gegen dessen ausdrücklichen Willen geschehen.

§ 22 Ablehnungsfrist

Die Ablehnung eines Richters auf Grund des Mißtrauens gegen seine Unparteilichkeit ist nicht mehr zulässig, nachdem in der Sache ein Antrag gestellt oder eine Behauptung erhoben worden ist. Dies gilt jedoch nicht, wenn die Partei den Ablehnungsgrund nicht kannte oder ein solcher Grund erst später entstanden ist.

§ 23 Entscheidung über die Ablehnung

1. Wird ein richterliches Mitglied eines Kollegialgerichtes abgelehnt, so entscheidet über den Ablehnungsantrag das Gericht, dem der Richter angehört. Ist das Gericht ein Landgericht, so entscheidet ein Kollegialgericht.

2. Wird ein Einzelrichter eines Landgerichts oder ein Richter eines Familiengerichts abgelehnt, so entscheidet über den Ablehnungsantrag ein Kollegialgericht des Gerichtes, dem der Richter angehört, durch Beschluß; wird ein Richter eines Amtsgerichts abgelehnt, so entscheidet ein Kollegialgericht des zuständigen Landgerichts durch Beschluß. Hält der abgelehnte Richter den Ablehnungsantrag für begründet, so bedarf es keiner Entscheidung.

3. Der abgelehnte Richter darf an den in Abs. 1 und 2 erwähnten Entscheidungen nicht teilnehmen.

4. Wird das zur Entscheidung berufene Gericht durch das Ausscheiden des abgelehnten Richters beschlußunfähig, so muß das nächst höhere Gericht entscheiden.

§ 24 Einfaches Verwerfungsverfahren

1. Ein Ablehnungsantrag, der offensichtlich nur eine Verschleppung des Verfahrens bezweckt, ist durch Beschluß zurückzuweisen. In diesem Fall findet § 23 Abs. 3 keine Anwendung. Das gleiche gilt, wenn der Ablehnungsantrag nach § 22 zurückzuweisen ist oder den Vorschriften der Gerichtsordnung nicht entspricht.

2. Ist im Falle des Abs. 1 der abgelehnte Richter ein beauftragter Richter, ein Einzelrichter eines Landgerichts oder ein Richter eines Familien-[3] oder Amtsgerichts, so kann er selbst die Entscheidung, mit der der Antrag zurückgewiesen wird, erlassen.

§ 25 Sofortige Beschwerde

Gegen den Beschluß, durch den ein Ablehnungsantrag zurückgewiesen wird, ist sofortige Beschwerde zulässig.

§ 26 Urkundsbeamte

1. Mit Ausnahme des § 20 Ziff. 7 gelten die Vorschriften dieses Abschnittes für die Urkundsbeamten der Geschäftsstelle entsprechend.

2. Den Beschluß erläßt das Gericht, dem der Urkundsbeamte der Geschäftsstelle angehört. Ist der Ablehnungsantrag nach § 24 Abs. 1 zurückzuweisen, so entscheidet der beauftragte Richter, dem der Urkundsbeamte beigegeben ist.

3. ABSCHNITT

Prozeßfähigkeit

§ 27 Juristische Personen und Vertretung

1. Eine angeklagte oder beschuldigte juristische Person wird für Prozeßhandlungen durch ihre Vertreter vertreten.

2. Wird eine juristische Person durch mehrere Personen gemeinsam vertreten, so ist für Prozeßhandlungen jede von ihnen vertretungsberechtigt.

§ 28 Prozeßunfähige und Vertretung

Ist ein Angeklagter oder Beschuldigter, der einer strafbaren Handlung beschuldigt wird, auf die die §§ 39—41 des Strafgesetzbuchs[4] keine Anwendung finden, prozeßunfähig, so wird er für Prozeßhandlungen durch seinen gesetzlichen Vertreter vertreten (üben zwei Personen die elterliche Gewalt aus, durch jede von ihnen; dasselbe gilt im folgenden).

---

[3] Das Familiengericht ist hauptsächlich für Entscheidungen und Vermittlungen in Familienangelegenheiten und für Jugendstrafsachen zuständig. Die Einstufung und die Gerichtsbezirke dieses Gerichts entsprechen denen des Landgerichts. Siehe auch RabelsZ 54, 115; NJW 1957, 12; FamRZ 1958, 53.

[4] § 39: Die Handlung eines Geisteskranken ist nicht strafbar.
§ 40: Die Handlung eines Geistesschwachen ist milder zu bestrafen.
§ 41: Die Handlung einer Person, die jünger als vierzehn Jahre ist, ist nicht strafbar.

§ 29 Besonderer Vertreter

1. Hat der Angeklagte keinen Vertreter gemäß §§ 27 und 28, so muß das Gericht auf Antrag des Staatsanwalts oder von Amts wegen einen besonderen Vertreter für ihn bestellen.

2. Dasselbe gilt, wenn der Beschuldigte keinen Vertreter gemäß §§ 27 und 28 hat und der Staatsanwalt, ein Justizpolizeioffizier oder ein Beteiligter einen derartigen Antrag gestellt haben.

3. Der besondere gesetzliche Vertreter übt sein Amt so lange aus, bis eine andere Person den Angeklagten oder Beschuldigten bei Prozeßhandlungen vertritt.

4. ABSCHNITT

Verteidigung und Beistand

§ 30 Frist zur Wahl eines Verteidigers; Wahlberechtigte

1. Der Angeklagte oder Beschuldigte kann jederzeit einen Verteidiger wählen.

2. Der gesetzliche Vertreter, der Pfleger, der Ehegatte, ein in gerader Linie Verwandter, die Geschwister des Angeklagten oder Beschuldigten können selbständig für ihn einen Verteidiger wählen.

§ 31 Qualifikation, besondere Verteidiger

1. Zu Verteidigern werden Rechtsanwälte gewählt.

2. Bei Verfahren vor dem Amts-, Familien- oder Landgericht kann mit Zustimmung des Gerichts auch eine Person zum Verteidiger gewählt werden, die kein Rechtsanwalt ist. Für das Verfahren vor dem Landgericht gilt dies jedoch nur dann, wenn außerdem ein Rechtsanwalt zum Verteidiger gewählt wird.

§ 32 Gültigkeit der Wahl

1. Die Wahl eines Verteidigers vor Anklageerhebung bleibt für die erste Instanz wirksam.

2. Die Wahl eines Verteidigers nach Anklageerhebung ist für jede Instanz zu erneuern.

§ 33 Hauptverteidiger

Hat der Angeklagte mehrere Verteidiger, so muß gemäß der Gerichtsordnung ein Hauptverteidiger ernannt werden.

§ 34

Die Befugnisse des Hauptverteidigers gemäß § 33 richten sich nach der Gerichtsordnung.

§ 35 Beschränkung der Zahl der Verteidiger

Das Gericht kann die Zahl der Verteidiger des Angeklagten oder Beschuldigten gemäß der Gerichtsordnung beschränken. Für den Verteidiger des Angeklagten gilt dies jedoch nur, wenn besondere Umstände vorliegen.

§ 36 Pflichtverteidiger

Kann der Angeklagte wegen Mittellosigkeit oder aus sonstigen Gründen keinen Verteidiger wählen, so muß das Gericht auf Antrag des Angeklagten einen Verteidiger für ihn bestellen. Dies gilt jedoch nicht, wenn der Angeklagte einen Verteidiger hat, den ein Dritter für ihn ausgewählt hat.

§ 37

Ist der Angeklagte nicht durch einen Verteidiger vertreten, so kann das Gericht von Amts wegen einen Verteidiger für ihn bestellen, wenn

(1) der Angeklagte minderjährig ist;

(2) der Angeklagte über 70 Jahre alt ist;

(3) der Angeklagte taub oder stumm ist;

(4) der Verdacht besteht, daß der Angeklagte geistesgestört oder schwachsinnig ist;

(5) es aus anderen Gründen als notwendig erscheint.

§ 38

1. Der vom Gericht oder dem Vorsitzenden des Gerichtes gemäß den Vorschriften dieses Gesetzes zu bestellende Verteidiger muß ein Rechtsanwalt sein.

2. Der nach Abs. 1 bestellte Verteidiger hat Anspruch auf Erstattung der Reisekosten, auf Tagegelder, auf Ersatz der Übernachtungskosten und auf Gebühren.

§ 39 Verkehr mit dem Angeklagten oder Beschuldigten

1. Der Angeklagte oder Beschuldigte, der sich nicht auf freiem Fuß befindet, darf unbeaufsichtigt mit seinem Verteidiger oder der Person, die auf Antrag des zur Wahl eines Verteidigers Berechtigten die Verteidigung übernehmen soll, mündlich verkehren (soll jemand die Verteidigung übernehmen, der kein Rechtsanwalt ist, so gilt dies nur, wenn die nach § 31 Abs. 2 erforderliche Zustimmung eingeholt worden ist) und er darf Schriftstücke oder andere Gegenstände aushändigen oder empfangen.

2. Durch Gesetz oder Verordnung (einschließlich der Gerichtsordnung; dasselbe gilt im folgenden) können notwendige Maßnahmen vorgesehen werden, um bei der Unterredung und bei Aushändigung oder Empfang der in Abs. 1 erwähnten Gegenstände die Flucht des Angeklagten oder Beschuldigten, die Vernichtung oder

Fälschung von Beweismitteln oder die Aushändigung oder den Empfang von Gegenständen, die die Haft des Angeklagten oder Beschuldigten gefährden könnten, zu verhindern.

3. Der Staatsanwalt, der Hilfsbeamte der Staatsanwaltschaft und der Justizpolizeibeamte[5] (diese Bezeichnung umfaßt Justizpolizeioffiziere und Justizpolizisten; dasselbe gilt im folgenden) können, sofern es für die Aufklärung notwendig ist, Datum, Ort und Zeit der in Abs. 1 erwähnten Unterredung und Aushändigung oder Empfang von Gegenständen nur bestimmen, solange die Anklage noch nicht erhoben worden ist. Durch diese Maßnahme darf jedoch das Recht des Beschuldigten auf Vorbereitung seiner Verteidigung nicht ungerechtfertigt eingeschränkt werden.

§ 40 Einsicht und Abschrift von Akten und Beweismitteln

Nach Anklageerhebung kann der Verteidiger bei Gericht die den Prozeß betreffenden Schriftstücke und Beweisgegenstände einsehen und abschreiben. Zur Anfertigung der Kopien von Beweisgegenständen bedarf er der Zustimmung des vorsitzenden Richters.

§ 41 Recht auf selbständiges Handeln

Der Verteidiger darf Prozeßhandlungen selbständig nur dann vornehmen, wenn es in diesem Gesetz ausdrücklich vorgesehen ist.

§ 42 Beistände

1. Der gesetzliche Vertreter, Pfleger, Ehegatte, die Verwandten in gerader Linie und die Geschwister des Angeklagten können zu jeder Zeit als Beistand auftreten.

2. Wer als Beistand auftreten will, hat dies dem Gericht in jeder Instanz mitzuteilen.

3. Der Beistand kann alle Prozeßhandlungen vornehmen, zu denen der Angeklagte berechtigt ist, insoweit die Handlungen nicht gegen dessen ausdrücklich erklärten Willen verstoßen. Dies gilt jedoch nicht, sofern dieses Gesetz etwas anderes vorsieht.

5. ABSCHNITT

Entscheidungen

§ 43 Urteil, Beschluß und Verfügung

1. Sofern dieses Gesetz nichts anderes vorsieht, muß ein Urteil auf Grund einer mündlichen Verhandlung ergehen.

2. Ein Beschluß oder eine Verfügung müssen nicht notwendigerweise auf einer mündlichen Verhandlung beruhen.

---

[5] Der Ausdruck „Justizpolizeibeamter" ist ein Begriff der Strafprozeßordnung; in der Praxis handelt es sich um Polizeibeamte. Näheres siehe in den §§ 189, 190.

3. Zum Erlaß eines Beschlusses oder einer Verfügung kann das Gericht, sofern es notwendig ist, eine Untersuchung der Tatsachen vornehmen.

4. Die in Abs. 3 erwähnte Untersuchung kann einem Mitglied des betreffenden Kollegialgerichts übertragen werden; es kann auch ein Richter eines Landgerichts, eines Familiengerichts oder eines Amtsgerichts darum ersucht werden.

§ 44 Begründung von Entscheidungen

1. Entscheidungen sind mit Gründen zu versehen.

2. Beschlüsse oder Verfügungen, gegen die kein Rechtsmittel zulässig ist, können ohne Gründe ergehen. Dies gilt jedoch nicht für einen Beschluß, gegen den Einspruch gemäß § 428 Abs. 2 erhoben werden kann.

§ 45 Befugnisse des beisitzenden Richters

Außer dem Urteil können alle Entscheidungen von einem Hilfsrichter[6] allein erlassen werden.

§ 46 Abschriften der Entscheidung

Der Angeklagte oder jeder am Prozeß Beteiligte kann auf eigene Kosten die Aushändigung einer Abschrift oder eines Auszugs der Entscheidung oder des Protokolls, das die Entscheidung enthält, verlangen.

6. ABSCHNITT

Schriftstücke und Zustellung

§ 47 Bekanntmachungsverbot für Prozeßakten

Schriftstücke dürfen vor Beginn der Hauptverhandlung nicht öffentlich bekanntgemacht werden. Dies gilt jedoch nicht, wenn die Schriftstücke wegen des öffentlichen Interesses oder aus anderen Gründen zur Veröffentlichung geeignet erscheinen.

§ 48 Abfassung des Protokolls

1. In jeder Hauptverhandlung ist ein Protokoll über das Verfahren aufzunehmen.

2. Das Protokoll über die Hauptverhandlung muß gemäß der Gerichtsordnung die wesentlichen Einzelheiten des Verfahrens enthalten.

---

[6] Das Amt des Hilfsrichters ist eine Vorstufe zum Richteramt. Richter kann nur werden, wer nach der Ausbildung als Referendar zehn Jahre lang als Hilfsrichter, Staatsanwalt oder Rechtsanwalt tätig war.

3. Das Protokoll muß ordnungsgemäß und unverzüglich nach jedem Termin, spätestens bis zur Verkündung des Urteils fertiggestellt werden. Dies gilt jedoch nicht für das Protokoll der Sitzung, in der das Urteil verkündet wird.

§ 49 Recht des Angeklagten auf Einsicht des Protokolls

Hat der Angeklagte keinen Verteidiger, so kann er selbst gemäß der Gerichtsordnung das Protokoll einsehen. Kann der Angeklagte nicht lesen oder ist er blind, so kann er um Verlesung des Protokolls bitten.

§ 50 Unbeendigtes Protokoll und das Recht der Parteien

1. Ist das Protokoll nicht ordnungsgemäß vor dem nächsten Verhandlungstermin fertiggestellt worden, so muß der Urkundsbeamte der Geschäftsstelle auf Antrag des Staatsanwaltes, des Angeklagten oder des Verteidigers während oder vor der nächsten Verhandlung einen Überblick über die Zeugenaussagen während der letzten Verhandlung geben. Erhebt in diesem Falle der Antragsteller Einwendungen gegen die Richtigkeit der Wiedergabe der Zeugenaussagen, so sind die Einwendungen in das Protokoll aufzunehmen.

2. Ist das Protokoll einer Verhandlung, die in Abwesenheit des Angeklagten und seines Verteidigers stattgefunden hat, nicht ordnungsgemäß vor der nächsten Verhandlung fertiggestellt worden, so hat der Urkundsbeamte der Geschäftsstelle den Angeklagten oder seinen Verteidiger vor oder während der nächsten Verhandlung von dem wesentlichen Verlauf der vorhergehenden Verhandlung zu unterrichten.

§ 51 Einwendungen gegen den Inhalt des Protokolls

1. Der Staatsanwalt, der Angeklagte oder sein Verteidiger können Einwendungen gegen die Richtigkeit des Protokollinhalts erheben. Sind Einwendungen erhoben worden, so sind sie in das Protokoll aufzunehmen.

2. Einwendungen gemäß Abs. 1 sind innerhalb von höchstens 14 Tagen nach der letzten Verhandlung der jeweiligen Instanz zu erheben. Einwendungen gegen das Protokoll der Verhandlung, in der das Urteil verkündet worden ist, können innerhalb von 14 Tagen nach Fertigstellung dieses Protokolls erhoben werden.

§ 52 Beweiskraft des Protokolls

Die Einzelheiten einer Verhandlung, über die ein schriftliches Protokoll angefertigt worden ist, können nur durch dieses Protokoll bewiesen werden.

§ 53 Öffentlichkeit des Verfahrensprotokolls

1. Nach Beendigung des Strafverfahrens kann jeder das Verfahrensprotokoll einsehen, es sei denn, die Einsichtnahme beeinträchtigt

die Verwahrung der Verfahrensprotokolle oder den Geschäftsgang des Gerichtes oder der Staatsanwaltschaft.

2. Ungeachtet des Abs. 1 dürfen Verfahrensprotokolle über Strafprozesse, die unter Ausschluß der Öffentlichkeit stattgefunden haben, oder Verfahrensprotokolle, deren Einsicht verboten wurde, weil sie hierzu ungeeignet sind, nicht eingesehen werden; die Einsichtnahme kann jedoch den Prozeßbeteiligten sowie Personen gestattet werden, die berechtigte Gründe zur Einsichtnahme und eine besondere Erlaubnis des für die Verwahrung zuständigen Beamten haben.

3. In den Fällen des § 82 Abs. 2 Satz 2 der japanischen Verfassung[7] darf die Einsichtnahme von Protokollen nicht untersagt werden.

4. Die Verwahrung der Verfahrensprotokolle und die Gebühren für die Einsichtnahme werden durch ein anderes Gesetz geregelt.

§ 54 Zustellung

Sofern die Gerichtsordnung nichts anderes vorsieht, gelten für die Zustellung von Schriftstücken die Vorschriften der Zivilprozeßordnung entsprechend (mit Ausnahme der Vorschriften über die Zustellung durch öffentliche Bekanntmachung).

7. ABSCHNITT

Fristen

§ 55 Berechnung der Fristen

1. Eine Frist, die nach Stunden bestimmt ist, beginnt sofort zu laufen; bei Berechnung einer Frist, die nach Tagen, Monaten oder Jahren bestimmt ist, wird der erste Tag nicht mitgezählt. Bei der Verjährungsfrist wird jedoch der erste Tag ungeachtet der bereits abgelaufenen Stunden als ganzer Tag mitgezählt.

2. Monate und Jahre werden nach dem Kalender berechnet.

3. Ist der letzte Tag einer Frist ein Sonntag, der 1., 2. oder 3. Januar, der 29., 30. oder 31. Dezember oder ein allgemeiner gesetzlicher Feiertag, so wird dieser Tag nicht mitgerechnet. Dies gilt jedoch nicht für die Verjährung.

---

[7] § 82 Abs. 2: Ist das Gericht einstimmig der Meinung, daß die öffentliche Ordnung oder die guten Sitten gefährdet sind, so kann es die Verhandlung unter Ausschluß der Öffentlichkeit durchführen. Die Verhandlung über politische Straftaten, Pressestraftaten und Fälle, in denen ein im dritten Abschnitt dieser Verfassung gewährleistetes Recht des Volkes in Frage steht, muß stets in der Öffentlichkeit stattfinden.

§ 56 Verlängerung der gesetzlichen Fristen

1. Gemäß der Gerichtsordnung kann eine gesetzliche Frist mit Rücksicht auf die Entfernung zwischen dem Wohnort[8] oder Büro desjenigen, der eine Prozeßhandlung vorzunehmen hat, und dem Sitz des Gerichts oder der Staatsanwaltschaft sowie mit Rücksicht auf die Verkehrsverhältnisse und Postverbindungen verlängert werden.

2. Abs. 1 gilt nicht für Rechtsmittelfristen.

8. ABSCHNITT

Ladung, Vorführung und Haft des Angeklagten

§ 57 Ladung

Das Gericht kann den Angeklagten mit einer angemessenen Frist, die sich nach der Gerichtsordnung bestimmt, laden.

§ 58 Vorführung

Das Gericht kann den Angeklagten vorführen lassen, wenn

(1) er keinen festen Wohnort hat,

(2) er der Ladung ohne berechtigten Grund nicht Folge leistet oder dies zu befürchten ist.

§ 59 Gültigkeit der Vorführung

Der vorgeführte Angeklagte ist innerhalb von 24 Stunden, nachdem er dem Gericht vorgeführt wurde, wieder freizulassen, sofern nicht innerhalb dieser Frist ein Haftbefehl erlassen wird.

§ 60 Haftgründe und -dauer, Verlängerung der Dauer

1. Das Gericht kann den Angeklagten verhaften, wenn begründeter Verdacht besteht, daß er eine strafbare Handlung begangen hat und einer der folgenden Gründe vorliegt:

(1) wenn er keinen festen Wohnort hat;

(2) wenn begründeter Verdacht besteht, daß er Beweismittel vernichtet;

(3) wenn er flüchtig ist oder begründeter Fluchtverdacht besteht.

2. Die Haftdauer darf zwei Monate nach der Anklageerhebung nicht überschreiten. Ist eine Verlängerung der Haftdauer notwendig, so kann sie durch einen mit Gründen für die Verlängerung der Haft versehenen Beschluß um jeweils einen Monat verlängert werden. Mit Ausnahme der Fälle des § 89 Ziff. 1, 3, 4 oder 6 kann die Haftdauer nur einmal verlängert werden.

---

[8] „Wohnort" bedeutet Wohnsitz und zugleich gewöhnlicher Aufenthaltsort.

3. Auf eine Straftat, die mit einer Geldstrafe bis zu 500 Yen[9], Strafhaft oder Geldbuße bedroht ist, findet Abs. 1 nur Anwendung, wenn der Angeklagte keinen festen Wohnort hat.

§ 61 Verhaftung und Mitteilung der zur Last gelegten Straftat

Die Verhaftung erfolgt erst, wenn das Gericht dem Angeklagten die ihm zur Last gelegte Straftat mitgeteilt und ihn hierzu gehört hat. Dies gilt jedoch nicht, wenn der Angeklagte flüchtig war.

§ 62 Schriftliche Anordnung

Die Ladung, Vorführung oder Verhaftung des Angeklagten erfolgt durch Ausstellung einer schriftlichen Vorladung oder eines Vorführungs- oder Haftbefehls.

§ 63 Inhalt der schriftlichen Ladung

Die Ladung soll enthalten: den Namen und Wohnort des Angeklagten, die Bezeichnung der Straftat, Datum, Zeit und Ort seines Erscheinens, einen Hinweis, daß im Falle seines ungerechtfertigten Nichterscheinens ein Vorführungsbefehl erlassen werden kann, andere gemäß der Gerichtsordnung vorgeschriebene Einzelheiten sowie Name und Siegel des vorsitzenden oder mit der Ausstellung beauftragten Richters.

§ 64 Inhalt des Vorführungs- und Haftbefehls

1. Der Vorführungs- oder Haftbefehl muß enthalten: den Namen und Wohnort des Angeklagten, die gesetzliche Bezeichnung der Straftat, wesentliche Einzelheiten der ihm zur Last gelegten Straftat, den Ort der Vorführung oder des Haftgefängnisses, die Geltungsdauer und einen Hinweis, daß der Vorführungs- oder Haftbefehl nach Ablauf dieser Frist nicht vollzogen werden darf und an das ausstellende Gericht zurückzugeben ist, das Ausstellungsdatum, andere gemäß der Gerichtsordnung vorgeschriebenen Einzelheiten sowie Name und Siegel des vorsitzenden oder mit der Ausstellung beauftragten Richters.

2. Ist der Name des Angeklagten ungewiß, so kann er durch Beschreibung seiner Gesichtszüge, seines Körperbaues oder anderer kennzeichnender Merkmale bestimmt werden.

3. Ist der Wohnort des Angeklagten ungewiß, so braucht er nicht angeführt zu werden.

§ 65 Form der Ladung

1. Die Ladung wird zugestellt.

2. Die schriftliche Erklärung des Angeklagten, daß er zum Termin erscheinen wird oder die Anordnung des Gerichts, daß der erschienene Angeklagte zur nächsten Vernehmung zu erscheinen hat, gelten als Zustellung einer Ladung. Die mündliche Anordnung seines Erscheinens ist in das Protokoll aufzunehmen.

---

[9] Nach dem „Gesetz über die vorläufige Berechnung der Geldstrafe usw." von 1948 wird dieser Betrag in 25 000 Yen umgerechnet.

3. Der in einem gerichtsnahen Gefängnis in Haft befindliche Angeklagte kann durch Mitteilung an die Gefängnisbeamten geladen werden. In diesem Falle gilt eine Ladung als zugestellt, wenn der Angeklagte die Mitteilung von den Gefängnisbeamten erhalten hat.

§ 66 Ersuchen um Vorführung

1. Das Gericht kann einen Richter eines Land-, Familien- oder Amtsgerichts am gegenwärtigen Aufenthaltsort des Angeklagten um dessen Vorführung ersuchen.

2. Der ersuchte Richter kann seinerseits einen zuständigen Richter eines anderen Land-, Familien- oder Amtsgerichts darum ersuchen.

3. Ist der ersuchte Richter nicht zuständig, so kann er das Ersuchen an einen zuständigen Richter eines anderen Land-, Familien- oder Amtsgerichts weiterleiten.

4. Der ersuchte oder angewiesene Richter hat einen Vorführungsbefehl zu erlassen.

5. § 64 findet auf den in Abs. 4 erwähnten Vorführungsbefehl entsprechend Anwendung. In diesem Fall ist auf dem Befehl zu vermerken, daß er auf Ersuchen ausgestellt worden ist.

§ 67 Form der ersuchten Vorführung

1. Der ersuchte Richter, der gemäß § 66 einen Vorführungsbefehl ausgestellt hat, muß innerhalb von 24 Stunden nach der Vorführung des Angeklagten dessen Identität nachprüfen.

2. Ist die Identität des Angeklagten festgestellt worden, so ist dieser unverzüglich und auf direktem Wege dem bezeichneten Gericht zu übergeben. In diesem Fall muß der Richter, der auf Ersuchen den Vorführungsbefehl erlassen hat, einen Zeitraum bestimmen, innerhalb dessen der Angeklagte vor das bezeichnete Gericht gebracht wird.

3. Für den in Abs. 2 angeführten Fall wird die Frist gemäß § 59 von dem Zeitpunkt an berechnet, an dem der Angeklagte vor das bezeichnete Gericht gebracht worden ist.

§ 68 Anordnung zu erscheinen, Aufforderung mitzugehen, Vorführung

Das Gericht kann, falls es erforderlich ist, anordnen, daß der Angeklagte an einem bestimmten Ort zu erscheinen hat oder dorthin zu begleiten ist. Kommt der Angeklagte dieser Anordnung ohne berechtigten Grund nicht nach, so kann er an diesem Ort vorgeführt werden. In diesem Fall wird die Frist gemäß § 59 von dem Zeitpunkt an berechnet, an dem der Angeklagte an diesem Ort vorgeführt worden ist.

§ 69 Befugnisse des vorsitzenden Richters

In dringenden Fällen kann der vorsitzende Richter die in den §§ 57—62, 65, 66 und 68 vorgesehenen Maßnahmen ergreifen oder ein Mitglied des Kollegialgerichts hierzu veranlassen.

§ 70 Vollstreckung des Vorführungs- oder Haftbefehls

1. Ein Vorführungs- oder Haftbefehl wird durch einen Hilfsbeamten der Staatsanwaltschaft[10] oder einen Justizpolizeibeamten auf Weisung des Staatsanwalts vollstreckt. In dringenden Fällen kann die Vollstreckung jedoch auf Weisung des vorsitzenden Richters, eines beauftragten Richters oder eines Richters eines Land-, Familien- oder Amtsgerichts erfolgen.

2. Befindet sich der Angeklagte im Gefängnis, so ist der Haftbefehl gegen ihn durch Gefängnisbeamte auf Weisung des Staatsanwalts zu vollstrecken.

§ 71 Vollstreckung eines Vorführungs- oder Haftbefehls außerhalb der Zuständigkeit, Ersuchen um Vollstreckung

Wenn es notwendig ist, können der Hilfsbeamte der Staatsanwaltschaft oder ein Justizpolizeibeamter einen Vorführungs- oder Haftbefehl außerhalb ihrer Zuständigkeit vollstrecken oder einen für diesen Ort zuständigen Hilfsbeamten der Staatsanwaltschaft oder Justizpolizeibeamten mit der Vollstreckung beauftragen.

§ 72 Suche nach dem Angeklagten, Vollstreckung des Vorführungs- oder Haftbefehls

1. Ist der gegenwärtige Aufenthaltsort des Angeklagten unbekannt, so kann der vorsitzende Richter den Generalstaatsanwalt mit der Durchführung der Suche und der Vollstreckung des Vorführungs- oder Haftbefehls beauftragen.

2. Der beauftragte Generalstaatsanwalt hat einen ihm unterstehenden Staatsanwalt zu veranlassen, die Suche und die Vollstreckung des Vorführungs- oder Haftbefehls durchzuführen.

§ 73 Vollstreckung des Vorführungs- oder Haftbefehls

1. Bei der Vollstreckung ist der Vorführungsbefehl dem Angeklagten vorzuweisen und dieser so schnell wie möglich und auf direktem Wege vor das bezeichnete Gericht oder an einen anderen bestimmten Ort zu bringen. Im Falle eines Vorführungsbefehls gemäß § 66 Abs. 4 ist der Angeklagte vor den Richter zu bringen, der den Befehl ausgestellt hat.

2. Bei der Vollstreckung ist der Haftbefehl dem Angeklagten vorzuweisen und dieser so schnell wie möglich und auf direktem Wege in das bezeichnete Gefängnis zu bringen.

---

[10] Das Amt des „Hilfsbeamten der Staatsanwaltschaft" ist mit dieser Strafprozeßordnung neu geschaffen worden. Der Hilfsbeamte unterstützt den Staatsanwalt und führt unter der Leitung der Staatsanwälte die Ermittlungen durch. Seine dienstliche Stellung entspricht derjenigen des Rechtspflegers im Zivilverfahren.

3. Kann der Vorführungs- oder Haftbefehl dem Angeklagten nicht vorgewiesen werden, weil der Beamte ihn nicht bei sich hat, und ist Dringlichkeit geboten, so kann der Befehl, ungeachtet der Abs. 1 und 2 vollstreckt werden, nachdem dem Angeklagten die wesentlichen Einzelheiten der ihm zur Last gelegten Straftat und der Erlaß eines Befehls mitgeteilt worden sind. Der Befehl ist jedoch so schnell wie möglich vorzuweisen.

§ 74 Vorübergehende Unterbringung unter Polizeigeleit

Wird der Angeklagte, gegen den ein Vorführungs- oder Haftbefehl vollstreckt worden ist, polizeilich überführt, so kann er, wenn es notwendig ist, vorübergehend im nächsten Gefängnis untergebracht werden.

§ 75 Unterbringung des vorgeführten Angeklagten

Ist ein Angeklagter nach Vollstreckung des Vorführungsbefehls vorgeführt worden, so kann er, wenn es notwendig ist, im Gefängnis untergebracht werden.

§ 76 Vorführung des Angeklagten, Eröffnung der ihm zur Last gelegten Straftat, Belehrung über sein Recht auf einen Verteidiger

1. Bei der Vorführung ist der Angeklagte sofort über die wesentlichen Einzelheiten der ihm zur Last gelegten Straftat und sein Recht auf Wahl eines Verteidigers sowie sein Recht auf Bestellung eines Pflichtverteidigers durch das Gericht, falls er selbst wegen Mittellosigkeit oder aus anderen Gründen nicht in der Lage ist, einen Verteidiger zu wählen, aufzuklären. Hat der Angeklagte bereits einen Verteidiger, so genügt es, ihm die wesentlichen Einzelheiten der ihm zur Last gelegten Straftat zu eröffnen.

2. Die Belehrung des Abs. 1 kann von einem Mitglied eines Kollegialgerichtes oder einem Urkundsbeamten der Geschäftsstelle ausgeführt werden.

3. Ist ein Vorführungsbefehl gemäß § 66 Abs. 4 erlassen worden, so führt der Richter, der den Befehl ausgestellt hat, die in Abs. 1 vorgesehene Belehrung aus. Er kann sie jedoch auch von dem Urkundsbeamten der Geschäftsstelle ausführen lassen.

§ 77 Verhaftung und Belehrung über das Recht auf einen Verteidiger

1. Folgt die Verhaftung nicht einer Festnahme oder Vorführung, so ist der Angeklagte über sein Recht auf Wahl eines Verteidigers und auf Bestellung eines Pflichtverteidigers durch das Gericht, falls er wegen Mittellosigkeit oder aus anderen Gründen nicht in der Lage ist, einen Verteidiger zu wählen, aufzuklären. Dies gilt jedoch nicht, wenn der Angeklagte bereits einen Verteidiger hat.

2. Im Falle des § 61 Satz 2 müssen dem Angeklagten sofort nach seiner Verhaftung außer den in Abs. 1 erwähnten Hinweisen die wesentlichen Einzelheiten der ihm zur Last gelegten Straftat mitgeteilt werden. Hat der Angeklagte bereits einen Verteidiger, so genügt es, ihm die wesentlichen Einzelheiten der ihm zur Last gelegten Straftat zu eröffnen.

3. § 76 Abs. 2 gilt entsprechend für die in § 77 Abs. 1 und 2 genannten Maßnahmen.

§ 78 Antrag auf Wahl eines Verteidigers

1. Der vorgeführte oder verhaftete Angeklagte kann bei Gericht oder dem Vorstand des Gefängnisses oder dessen Vertreter die Auswahl eines Verteidigers beantragen, indem er einen Rechtsanwalt oder eine Anwaltsvereinigung benennt. Dies gilt jedoch nicht, wenn der Angeklagte bereits einen Verteidiger hat.

2. Das Gericht, der Vorstand des Gefängnisses oder dessen Vertreter haben den vom Angeklagten genannten Rechtsanwalt oder die Anwaltsvereinigung unverzüglich von dem Antrag in Kenntnis zu setzen. Hat der Angeklagte mehrere Rechtsanwälte oder Anwaltsvereinigungen benannt, so genügt die Mitteilung an einen oder eine von ihnen.

§ 79 Benachrichtigung des Verteidigers usw. von der Verhaftung

Der Verteidiger des verhafteten Angeklagten ist von der Verhaftung unverzüglich in Kenntnis zu setzen. Hat der Angeklagte keinen Verteidiger, so ist entsprechend seiner Wahl einer seiner gesetzlichen Vertreter, Pfleger, sein Ehegatte, ein Verwandter gerader Linie oder eines seiner Geschwister zu benachrichtigen.

§ 80 Verhaftung und Verkehr

Der verhaftete Angeklagte kann, sofern es Gesetze oder Verordnungen gestatten, mit anderen Personen als den in § 39 Abs. 1 vorgesehenen mündlich verkehren oder Schriftstücke oder andere Gegenstände aushändigen oder empfangen. Dasselbe gilt, wenn sich der Angeklagte aufgrund eines Vorführungsbefehls im Gefängnis befindet.

§ 81 Beschränkung des Verkehrs

Ist der Verdacht begründet, daß der verhaftete Angeklagte fliehen oder Beweismittel vernichten könnte, so kann das Gericht auf Antrag des Staatsanwalts oder von Amts wegen den mündlichen Verkehr mit anderen Personen als den in § 39 Abs. 1 genannten untersagen, Schriftstücke und andere Gegenstände, die er diesen Personen aushändigen oder von ihnen empfangen könnte, untersuchen, den Empfang oder die Aushändigung verbieten oder sie beschlagnahmen. Lebensmittel dürfen ihm jedoch nicht vorenthalten oder beschlagnahmt werden.

§ 82 Antrag auf Eröffnung der Haftgründe

1. Der verhaftete Angeklagte kann vom Gericht die Eröffnung der Gründe seiner Verhaftung verlangen.

2. Die in Abs. 1 erwähnte Begründung kann vom Verteidiger, dem gesetzlichen Vertreter, Pfleger, Ehegatten, den Verwandten in gerader Linie, Geschwistern des verhafteten Angeklagten oder von anderen Beteiligten verlangt werden.

3. Der Antrag auf Begründung gemäß Abs. 1 und 2 wird unwirksam, wenn die Freilassung gegen Sicherheitsleistung oder die Aussetzung des Haftbefehls erwirkt worden sind und wenn der Haftbefehl aufgehoben oder unwirksam geworden ist.

§ 83 Eröffnung der Haftgründe

1. Die Eröffnung der Haftgründe hat in öffentlicher Verhandlung zu erfolgen.

2. Die Verhandlung findet in Gegenwart der Richter und Urkundsbeamten der Geschäftsstelle statt.

3. Erscheinen der Angeklagte und sein Verteidiger nicht, so findet die öffentliche Verhandlung nicht statt. Dies gilt nicht, wenn (a) der Angeklagte aus gesundheitlichen oder anderen zwingenden Gründen nicht erscheinen kann und er gegen eine Verhandlung in seiner Abwesenheit keine Einwendungen erhebt; (b) der Verteidiger nicht erschienen ist und der Angeklagte gegen eine Verhandlung ohne ihn keine Einwendungen erhebt.

§ 84

1. Die Eröffnung der Haftgründe geschieht durch den vorsitzenden Richter.

2. Der Staatsanwalt oder der Angeklagte, sein Verteidiger und ein sonstiger Antragsteller können gehört werden. Der vorsitzende Richter kann jedoch, wenn er es für angebracht hält, statt der mündlichen Anhörung die Vorlage einer schriftlichen Stellungnahme anordnen.

§ 85

Die Eröffnung der Haftgründe kann durch ein Mitglied des Kollegialgerichts geschehen.

§ 86

Liegen mehrere Anträge gemäß § 82 hinsichtlich einer Verhaftung vor, so ist mit der Eröffnung der Haftgründe der erste Antrag erledigt. Die anderen Anträge werden nach Beendigung der Begründung durch Beschluß abgewiesen.

§ 87 Aufhebung des Haftbefehls

1. Entfallen die Gründe oder die Notwendigkeit für die Verhaftung, so hat das Gericht auf Antrag des Staatsanwalts, des verhafteten

Angeklagten oder seines Verteidigers, des gesetzlichen Vertreters, Pflegers, Ehegatten, der Verwandten in gerader Linie, der Geschwister oder von Amts wegen den Haftbefehl durch Beschluß aufzuheben.

2. § 82 Abs. 3 gilt entsprechend für den in Abs. 1 genannten Antrag.

§ 88 Antrag auf Freilassung gegen Sicherheitsleistung

1. Der verhaftete Angeklagte oder sein Verteidiger, sein gesetzlicher Vertreter, Pfleger, Ehegatte, seine Verwandten in gerader Linie oder seine Geschwister können die Freilassung gegen Sicherheitsleistung beantragen.

2. § 82 Abs. 3 gilt entsprechend für den in Abs. 1 genannten Antrag.

§ 89 Notwendige Freilassung gegen Sicherheitsleistung

Dem Antrag auf Freilassung gegen Sicherheitsleistung ist stattzugeben, es sei denn,

(1) der Angeklagte wird einer Straftat beschuldigt, die mit der Todesstrafe, lebenslänglicher oder mindestens einjähriger Zuchthaus- oder Gefängnisstrafe bedroht ist;

(2) der Angeklagte ist bereits wegen einer Straftat verurteilt worden, die mit der Todesstrafe, lebenslänglicher Zuchthaus- oder Gefängnisstrafe oder einer Höchststrafe von mehr als zehn Jahren bedroht ist;

(3) der Angeklagte hat gewohnheitsmäßig eine Straftat begangen, die mit einer Höchststrafe von mehr als drei Jahren Zuchthaus oder Gefängnis bedroht ist;

(4) es besteht der begründete Verdacht, daß der Angeklagte Beweismittel vernichten könnte;

(5) es besteht der begründete Verdacht, daß der Angeklagte den Verletzten oder einen Dritten, der für das betreffende Verfahren wichtige Kenntnisse besitzt, oder deren Angehörige verletzen, deren Eigentum schädigen oder sie bedrohen könnte;

(6) der Name oder der Wohnort des Angeklagten sind unbekannt.

§ 90 Freilassung gegen Sicherheitsleistung von Amts wegen

Das Gericht kann, wenn es dies für angebracht hält, den verhafteten Angeklagten von Amts wegen gegen Sicherheitsleistung freilassen.

§ 91 Unangemessen lange Haft und Aufhebung des Haftbefehls, Freilassung gegen Sicherheitsleistung

1. Dauert die Haft unangemessen lange, so hat das Gericht durch Beschluß auf Antrag der in § 88 genannten Personen oder von Amts wegen den Haftbefehl aufzuheben oder den verhafteten Angeklagten gegen Sicherheitsleistung freizulassen.

2. § 82 Abs. 3 gilt entsprechend für den in Abs. 1 genannten Antrag.

§ 92 Freilassung gegen Sicherheitsleistung und Stellungnahme des Staatsanwalts

1. Vor Entscheidung über den Antrag auf Freilassung gegen Sicherheitsleistung ist der Staatsanwalt zu hören.

2. Abs. 1 findet auch Anwendung auf die Entscheidung über die Aufhebung des Haftbefehls, es sei denn, die Aufhebung ist vom Staatsanwalt beantragt worden. Dies gilt jedoch nicht in dringenden Fällen.

§ 93 Höhe der Sicherheitsleistung, Bedingung für die Freilassung gegen Sicherheitsleistung

1. Die Höhe der Sicherheitssumme wird vom Gericht festgesetzt.

2. Der festgesetzte Betrag muß ausreichen und angemessen sein, um die Anwesenheit des Angeklagten zu sichern, wobei die Art und Umstände der strafbaren Handlung, die Bedeutung der ihn belastenden Beweise, sein Charakter und seine finanziellen Verhältnisse zu berücksichtigen sind.

3. Bei Freilassung gegen Sicherheitsleistung kann der Angeklagte in seiner Freizügigkeit beschränkt werden oder ihm andere geeignete Bedingungen auferlegt werden.

§ 94 Form der Freilassung gegen Sicherheitsleistung

1. Der Freilassungsbeschluß ist erst nach Leistung der Sicherheit durchzuführen.

2. Das Gericht kann die Leistung der Sicherheit durch einen Dritten zulassen.

3. Das Gericht kann zulassen, daß Sicherheitsleistungen in Geld durch Wertpapiere oder eine schriftliche Bürgschaft eines geeigneten Dritten ersetzt werden.

§ 95 Aussetzung des Vollzugs des Haftbefehls

Das Gericht kann, wenn es dies für angebracht hält, den Vollzug des Haftbefehls durch Beschluß unter der Bedingung aussetzen, daß der Angeklagte in die Obhut eines Verwandten, einer Fürsorgeeinrichtung und dergleichen gegeben oder seine Freizügigkeit eingeschränkt wird.

§ 96 Aufhebung der Freilassung gegen Sicherheitsleistung, Einziehung der Sicherheitsleistung

1. In den folgenden Fällen kann das Gericht auf Antrag des Staatsanwalts oder von Amts wegen durch Beschluß die Freilassung gegen Sicherheitsleistung oder die Aussetzung des Haftvollzugs aufheben:

(1) wenn der Angeklagte auf eine Ladung ohne rechtfertigenden Grund ausbleibt;

(2) wenn der Angeklagte flüchtig ist oder begründeter Fluchtverdacht besteht;

(3) wenn der Angeklagte Beweismittel vernichtet hat oder begründeter Verdacht besteht, daß er dies tun wird;

(4) wenn der begründete Verdacht besteht, daß der Angeklagte den Verletzten oder einen Dritten, der für das betreffende Verfahren wichtige Kenntnisse besitzt, oder deren Angehörige verletzen, deren Eigentum schädigen oder sie bedrohen könnte;

(5) wenn der Angeklagte den ihm hinsichtlich seiner Freizügigkeit auferlegten Beschränkungen oder anderen vom Gericht angeordneten Maßnahmen zuwider gehandelt hat.

2. Wird die Freilassung gegen Sicherheitsleistung aufgehoben, so kann das Gericht durch Beschluß den als Sicherheit geleisteten Betrag ganz oder teilweise einziehen.

3. Ist der gegen Sicherheitsleistung Freigelassene einer Aufforderung des Gerichts zur Vollstreckung eines gegen ihn rechtskräftig ergangenen Urteils ohne rechtfertigende Begründung nicht gefolgt oder ist er flüchtig, so hat das Gericht auf Antrag des Staatsanwalts durch Beschluß den als Sicherheit geleisteten Betrag ganz oder teilweise einzuziehen.

§ 97 Rechtsmittel und Haftentscheidung

1. Solange die Rechtsmittelfrist noch nicht abgelaufen ist und die Rechtsmittel noch nicht eingelegt sind, ist für Entscheidungen über Verlängerung oder Aufhebung der Haft, Freilassung gegen Sicherheitsleistung, Gewährung oder Aufhebung der Aussetzung des Vollzugs des Haftbefehls das erkennende Gericht zuständig.

2. Ist ein Rechtsmittel eingelegt, sind die Akten aber noch nicht beim Rechtsmittelgericht eingegangen, so bestimmt sich das für die Entscheidung nach Abs. 1 zuständige Gericht nach den Vorschriften der Gerichtsordnung.

3. Abs. 1 und 2 gelten entsprechend für die Eröffnung der Haftgründe.

§ 98 Aufhebung der Freilassung gegen Sicherheitsleistung und Form der Festnahme

1. Wird die Freilassung gegen Sicherheitsleistung oder die Aussetzung des Vollzugs des Haftbefehls durch Beschluß aufgehoben oder endet die Aussetzung des Vollzugs, so ist der Angeklagte auf Weisung des Staatsanwalts durch einen Hilfsbeamten der Staatsanwaltschaft, einen Justizpolizei- oder Gefängnisbeamten in Gewahrsam zu nehmen, wobei eine Abschrift des Haftbefehls und des Beschlusses vorzuweisen ist, durch den die Freilassung gegen Sicherheitsleistung oder die Aussetzung des Vollzugs des Haftbefehls aufgehoben oder der Haftvollzug für eine bestimmte Frist ausgesetzt worden ist.

2. Kann die in Abs. 1 genannte Abschrift dem verhafteten Angeklagten nicht vorgewiesen werden, weil der Beamte sie nicht bei sich hat, und ist Dringlichkeit geboten, so kann der Angeklagte ungeachtet der Vorschrift des genannten Absatzes auf Weisung des Staatsanwalts in Gewahrsam genommen werden, nachdem ihm mitgeteilt

worden ist, daß die Freilassung gegen Sicherheitsleistung oder die Aussetzung des Vollzugs des Haftbefehls aufgehoben worden oder die Frist für die Aussetzung des Vollzugs des Haftbefehls abgelaufen ist. Die Abschrift sollte ihm jedoch so bald als möglich vorgewiesen werden.

3. § 71 ist auf die Festnahme gemäß Abs. 1 und 2 entsprechend anzuwenden.

9. ABSCHNITT

Beschlagnahme und Durchsuchung

§ 99 Beschlagnahme und Herausgabeanordnung

1. Das Gericht kann, wenn es erforderlich ist, Gegenstände, die es für Beweismittel hält oder die der Beschlagnahme unterliegen, beschlagnahmen. Dies gilt jedoch nicht, wenn gesetzliche Bestimmungen entgegenstehen.

2. Das Gericht kann die herauszugebenden Gegenstände bestimmen und den Eigentümer, Besitzer oder Verwahrer auffordern, sie vorzulegen.

§ 100 Beschlagnahme von Postsendungen

1. Das Gericht kann die vom Angeklagten abgesandten oder an ihn gerichteten Postsendungen oder Telegramme, die sich im Gewahrsam oder Besitz einer Behörde oder Person des Post- und Fernmeldewesens befinden, beschlagnahmen oder ihre Vorlage veranlassen.

2. Andere als die in Abs. 1 bezeichneten Postsendungen oder Telegramme, die sich im Gewahrsam oder Besitz einer Behörde oder einer Person des Post- und Fernmeldewesens befinden, können nur dann beschlagnahmt oder ihre Vorlage veranlaßt werden, wenn die Umstände die Annahme rechtfertigen, daß die Gegenstände mit der Strafsache in Zusammenhang stehen.

3. Von den nach Abs. 1 oder 2 getroffenen Maßnahmen ist der Absender oder der Adressat zu benachrichtigen. Dies gilt jedoch nicht, wenn eine Behinderung der Ermittlungen zu befürchten ist.

§ 101 Einbehaltung

Gegenstände, die der Angeklagte oder ein Dritter zurückgelassen oder die der Eigentümer, Besitzer oder Verwahrer freiwillig vorgelegt hat, können einbehalten werden.

§ 102 Durchsuchung

1. Das Gericht kann, wenn es dies für notwendig erachtet, die Person, die Sachen, die Wohnung oder andere Räume des Angeklagten durchsuchen.

2. Die Person, die Sachen, die Wohnung oder sonstige Räume Dritter können nur durchsucht werden, wenn Umstände die Annahme rechtfertigen, daß sich dort Gegenstände befinden, die der Beschlagnahme unterliegen.

§ 103 Amtsgeheimnis und Beschlagnahme

Erklärt ein Beamter, ehemaliger Beamter oder die zuständige Behörde, daß Gegenstände, die der Beamte oder ehemalige Beamte in Gewahrsam oder Besitz hat, ein Amtsgeheimnis darstellen, so können derartige Gegenstände nur mit Zustimmung der zuständigen Aufsichtsbehörde beschlagnahmt werden. Die zuständige Aufsichtsbehörde darf die Zustimmung jedoch nur verweigern, wenn die Erteilung die Interessen des Staats beeinträchtigen würde.

§ 104

1. Wird die Erklärung gemäß § 103 von einer der nachfolgend aufgeführten Personen abgegeben, so ist die Beschlagnahme nur mit Zustimmung des betreffenden Hauses für den in Ziffer 1 genannten Personenkreis und mit Zustimmung des Kabinetts für den in Ziffer 2 genannten Personenkreis zulässig:

(1) Mitglieder oder ehemalige Mitglieder des Ober- oder Unterhauses;

(2) amtierende oder ehemalige Ministerpräsidenten oder Staatsminister.

2. Die Genehmigung des Oberhauses, des Unterhauses oder des Kabinetts darf nur verweigert werden, wenn die Erteilung die Interessen des Staates beeinträchtigen würde.

§ 105 Berufsgeheimnis und Beschlagnahme

Praktizierende oder ehemalige Ärzte, Zahnärzte, Hebammen, Pflegerinnen, Rechtsanwälte, Patentanwälte, Notare oder Geistliche können die Beschlagnahme von Gegenständen, die sie auf Grund ihres Berufes in Gewahrsam oder Besitz haben und die sich auf die Geheimsphäre anderer Personen beziehen, verweigern. Dies gilt jedoch nicht, wenn der Auftraggeber der Beschlagnahme zugestimmt hat oder die Verweigerung der Beschlagnahme lediglich ein Rechtsmißbrauch im Interesse des Angeklagten zu sein scheint (es sei denn, er selbst ist der Auftraggeber) oder wenn besondere Umstände vorliegen, die durch die Gerichtsordnung näher zu regeln sind.

§ 106 Schriftliche Anordnung

Für die Beschlagnahme oder Durchsuchung außerhalb der öffentlichen Verhandlung ist ein schriftlicher Beschlagnahme- oder Durchsuchungsbefehl erforderlich.

§ 107 Inhalt des Beschlagnahme- und Durchsuchungsbefehls

1. Der Beschlagnahme- oder Durchsuchungsbefehl hat zu enthalten: den Namen des Angeklagten und die gesetzliche Bezeichnung der

Straftat, die Bezeichnung der zu beschlagnahmenden Gegenstände oder der zu durchsuchenden Räume, Personen oder Gegenstände, die Geltungsdauer und einen Hinweis, daß nach Ablauf dieser Frist der Befehl nicht mehr vollstreckt werden darf und an das auszustellende Gericht zurückzugeben ist, das Ausstellungsdatum sowie weitere von der Gerichtsordnung vorgeschriebene Einzelheiten sowie Name und Siegel des vorsitzenden Richters.

2. § 64 Abs. 2 ist auf den Beschlagnahme- oder Durchsuchungsbefehl entsprechend anzuwenden.

§ 108 Vollstreckung des Beschlagnahme- und Durchsuchungsbefehls

1. Der Beschlagnahme- oder Durchsuchungsbefehl ist durch Hilfsbeamte der Staatsanwaltschaft oder Justizpolizeibeamte auf Weisung des Staatsanwalts zu vollstrecken. Erscheint es jedoch dem Gericht notwendig, die Interessen des Angeklagten zu schützen, so kann der vorsitzende Richter anordnen, daß der Befehl vom Urkundsbeamten der Geschäftsstelle oder vom Justizpolizeibeamten zu vollstrecken ist.

2. Das Gericht kann dem Vollstreckungsbeamten für die Vollstrekkung des Beschlagnahme- oder Durchsuchungsbefehls schriftliche Anweisungen erteilen.

3. Der Erlaß der in Abs. 2 aufgeführten Anweisungen kann einem Mitglied eines Kollegialgerichts übertragen werden.

4. § 71 ist auf die Vollstreckung eines Beschlagnahme- oder Durchsuchungsbefehls entsprechend anzuwenden.

§ 109 Mithilfe bei Vollstreckung

Der Hilfsbeamte der Staatsanwaltschaft oder der Urkundsbeamte der Geschäftsstelle können bei der Vollstreckung eines Beschlagnahme- oder Durchsuchungsbefehls erforderlichenfalls die Justizpolizeibeamten um Mithilfe ersuchen.

§ 110 Form der Vollstreckung

Der Beschlagnahme- oder Durchsuchungsbefehl ist dem Betroffenen vorzuweisen.

§ 111 Beschlagnahme, Durchsuchung und notwendige Maßnahmen

1. Bei der Vollstreckung eines Beschlagnahme- oder Durchsuchungsbefehls können Schlösser oder Siegel geöffnet oder andere notwendige Maßnahmen ergriffen werden. Dasselbe gilt für die Beschlagnahme oder Durchsuchung in öffentlicher Verhandlung.

2. Abs. 1 gilt auch für beschlagnahmte Gegenstände.

§ 112 Verbot des Zutritts während der Vollstreckung

1. Während der Vollstreckung des Beschlagnahme- oder Durchsuchungsbefehls kann das Betreten oder Verlassen der Räume ohne Erlaubnis untersagt werden.

2. Wer dem Gebot des Abs. 1 nicht nachkommt, kann zum Verlassen der Räume gezwungen oder bis zur Beendigung der Vollstreckung unter Aufsicht gestellt werden.

§ 113 Zuziehung der Parteien

1. Bei der Vollstreckung des Beschlagnahme- oder Durchsuchungsbefehls können der Staatsanwalt, der Angeklagte oder sein Verteidiger anwesend sein. Dies gilt jedoch nicht, wenn der Angeklagte sich nicht auf freiem Fuß befindet.

2. Der Beamte, der den Beschlagnahme- oder Durchsuchungsbefehl vollstreckt, hat den Personen, die gemäß Abs. 1 bei dem Vollzug anwesend sein können, im voraus Datum, Zeit und Ort der Vollstreckung bekanntzugeben. Dies gilt jedoch nicht, wenn der zur Anwesenheit Berechtigte dem Gericht seine Absicht, der Vollstreckung nicht beizuwohnen, vorher mitgeteilt hat oder wenn Dringlichkeit geboten ist.

3. Das Gericht kann, falls es notwendig ist, den Angeklagten zur Anwesenheit bei der Vollstreckung eines Beschlagnahme- oder Durchsuchungsbefehls veranlassen.

§ 114 Zuziehung einer verantwortlichen Person

1. Wird ein Beschlagnahme- oder Durchsuchungsbefehl in Amtsräumen vollstreckt, so ist der Behördenleiter oder sein Vertreter davon zu unterrichten und hinzuzuziehen.

2. Mit Ausnahme der in Abs. 1 bezeichneten Fälle ist bei der Vollstreckung eines Beschlagnahme- oder Durchsuchungsbefehls in Wohnungen oder in bewachten Herrenhäusern, Gebäuden oder Schiffen der Inhaber oder dessen Vertreter hinzuzuziehen. Sind diese nicht erreichbar, so ist ein Nachbar oder ein Beamter der Gemeinde hinzuzuziehen.

§ 115 Durchsuchung von Frauen, Zuziehung

Wird ein Durchsuchungsbefehl an einer Frau vollstreckt, so ist eine andere volljährige Frau hinzuzuziehen. Dies gilt jedoch nicht in dringenden Fällen.

§ 116 Zeitliche Beschränkung

1. Vor Sonnenaufgang und nach Sonnenuntergang dürfen Wohnungen oder bewachte Herrenhäuser, Gebäude oder Schiffe zum Zweck der Vollstreckung eines Beschlagnahme- oder Durchsuchungsbefehls nur betreten werden, wenn dies ausdrücklich in dem schriftlichen Befehl vorgesehen ist.

2. Hat die Vollstreckung eines Beschlagnahme- oder Durchsuchungsbefehls vor Sonnenuntergang begonnen, so kann sie nach Sonnenuntergang beendet werden.

§ 117 Ausnahmen von der zeitlichen Beschränkung

Die in § 116 Abs. 1 vorgesehene Beschränkung gilt nicht, wenn die Vollstreckung eines Beschlagnahme- oder Durchsuchungsbefehls durchgeführt wird

(1) in Räumen, die gewöhnlich zu Glücks- und Lotteriespielen oder zu unsittlichen Veranstaltungen benutzt werden;

(2) in Gasthäusern, Restaurants oder anderen Räumen, die der Öffentlichkeit zur Nachtzeit zugänglich sind, jedoch nur während der Öffnungszeiten.

§ 118 Aussetzung der Vollstreckung und notwendige Maßnahmen

Ergibt sich bei Aussetzung der Vollstreckung des Beschlagnahme- oder Durchsuchungsbefehls die Notwendigkeit, so kann der betreffende Raum geschlossen oder unter Aufsicht gestellt werden, bis die Vollstreckung beendet ist.

§ 119 Ausstellung einer Bescheinigung

Sind bei der Durchsuchung keine Beweisgegenstände oder der Beschlagnahme unterliegenden Gegenstände gefunden worden, so ist dem Betroffenen auf Verlangen eine Bescheinigung hierüber auszuhändigen.

§ 120 Übergabe eines Beschlagnahmeverzeichnisses

Dem von der Beschlagnahme betroffenen Eigentümer, Besitzer, Verwahrer oder deren Vertreter ist ein Verzeichnis der beschlagnahmten Gegenstände auszuhändigen.

§ 121 Aufbewahrung, Vernichtung der beschlagnahmten Gegenstände

1. Sind die beschlagnahmten Gegenstände zum Transport oder zur Verwahrung ungeeignet, so können sie bewacht oder dem Eigentümer oder einer anderen Person mit deren Einwilligung in Verwahrung gegeben werden.

2. Beschlagnahmte Gegenstände können vernichtet werden, wenn zu befürchten ist, daß sie eine Gefahr darstellen.

3. Sofern das Gericht nichts anderes bestimmt, kann auch der Vollstreckungsbeamte die in Abs. 1 und 2 vorgesehenen Maßnahmen ergreifen.

§ 122 Verwahrung des Erlöses

Ist zu befürchten, daß beschlagnahmte Gegenstände, die eingezogen werden können, abhanden kommen oder beschädigt werden, oder ist ihre Aufbewahrung mit Schwierigkeiten verbunden, so können sie veräußert und der Erlös verwahrt werden.

§ 123 Rückgabe, vorläufige Rückgabe

1. Ist die Zurückhaltung beschlagnahmter Gegenstände unnötig, so sind sie durch Beschluß zurückzuerstatten, ohne daß die Beendigung des Falles abgewartet wird.

2. Beschlagnahmte Gegenstände können auf Verlangen des Eigentümers, Besitzers, Verwahrers oder desjenigen, der sie vorgelegt hat, durch Beschluß vorübergehend zurückgegeben werden.

3. Vor Erlaß der in Abs. 1 und 2 genannten Beschlüsse sind der Staatsanwalt und der Angeklagte oder sein Vertreter zu hören.

§ 124 Rückgabe von beschlagnahmten, unrechtmäßig erworbenen Gegenständen an den Verletzten

1. Beschlagnahmte, unrechtmäßig erworbene Gegenstände, deren Zurückbehaltung unnötig ist, sind nach Anhörung des Staatsanwalts und des Angeklagten oder seines Verteidigers dem Verletzten schon vor Beendigung des Strafverfahrens durch Beschluß zurückzuerstatten, wenn die Rückerstattung an ihn begründet ist.

2. Abs. 1 steht einer Geltendmachung der Rechte des Beteiligten im Zivilprozeß nicht entgegen.

§ 125 Beauftragter oder ersuchter Richter

1. Die Beschlagnahme oder Durchsuchung kann durch ein Mitglied eines Kollegialgerichtes oder auf Ersuchen durch einen Richter eines Land-, Familien- oder Amtsgerichts am Ort der Beschlagnahme oder Durchsuchung angeordnet werden.

2. Der ersuchte Richter kann seinerseits einen zuständigen Richter eines Land-, Familien- oder Amtsgerichts darum ersuchen.

3. Ist der ersuchte Richter nicht zuständig, so kann er das Ersuchen an einen zuständigen Richter eines Land-, Familien- oder Amtsgerichts weiterleiten.

4. Für die Anordnung einer Beschlagnahme oder Durchsuchung durch einen beauftragten oder ersuchten Richter gelten die Bestimmungen über die Anordnung der Beschlagnahme oder Durchsuchung durch das Gericht entsprechend. Die Benachrichtigung gemäß § 100 Abs. 3 hat jedoch durch das Gericht zu erfolgen.

§ 126 Vollstreckung des Vorführungsbefehls usw. und Suche des Angeklagten

Hilfsbeamte der Staatsanwaltschaft oder Justizpolizeibeamte können die Wohnung oder bewachte Herrenhäuser, Gebäude oder Schiffe zur Suche nach dem Angeklagten betreten, wenn es zum Zwecke der Vollstreckung eines Vorführungs- oder Haftbefehls notwendig ist. Es bedarf hierzu keines Durchsuchungsbefehls.

§ 127

Die Vorschriften der §§ 111, 112, 114 und 118 sind entsprechend auf die Durchsuchung durch einen Hilfsbeamten der Staatsanwaltschaft oder Justizpolizeibeamten gemäß § 126 anzuwenden. In dringenden Fällen braucht jedoch § 114 Abs. 2 nicht beachtet zu werden.

10. ABSCHNITT

Augenschein

§ 128 Augenschein

Das Gericht kann zur Feststellung von Tatsachen einen Augenschein einnehmen.

§ 129 Augenschein und notwendige Maßnahmen

Für die Einnahme eines Augenscheins können körperliche Untersuchungen oder Leichenöffnungen durchgeführt werden, Gräber geöffnet, Gegenstände zerstört oder andere notwendige Maßnahmen getroffen werden.

§ 130 Zeitliche Beschränkung

1. Vor Sonnenaufgang und nach Sonnenuntergang können die Wohnung einer Person oder bewachte Herrenhäuser, Gebäude oder Schiffe zum Zwecke eines Augenscheins nur mit Zustimmung des Inhabers oder Verwalters oder eines an seine Stelle tretenden Dritten betreten werden. Dies gilt jedoch nicht, wenn zu befürchten ist, daß der Zweck des Augenscheins nach Sonnenaufgang nicht mehr erreicht werden kann.

2. Ein vor Sonnenuntergang begonnener Augenschein kann nach Sonnenuntergang fortgesetzt werden.

3. Die Beschränkung des Abs. 1 gilt nicht für die in § 117 bezeichneten Räume.

§ 131 Rücksichtnahme und Zuziehung von Frauen bei körperlicher Untersuchung

1. Bei einer körperlichen Untersuchung müssen Geschlecht, Gesundheitszustand und andere Umstände der zu untersuchenden Person berücksichtigt und Vorsichtsmaßnahmen insbesondere hinsichtlich der Untersuchungsmethode getroffen werden, um das Schamgefühl nicht zu verletzen.

2. Zur körperlichen Untersuchung einer Frau ist ein Arzt oder eine andere volljährige Frau hinzuzuziehen.

§ 132 Ladung zur körperlichen Untersuchung

Das Gericht kann andere Personen als den Angeklagten zur körperlichen Untersuchung vor das Gericht oder einen anderen bezeichneten Ort laden.

§ 133 Nichterscheinen und Ordnungsstrafe usw.

1. Erscheint eine gemäß § 132 geladene Person ohne rechtfertigende Begründung nicht, so kann gegen sie durch Beschluß eine Ordnungsstrafe in Geld bis zu 5000 Yen verhängt und ihr die durch das Nichterscheinen entstandenen Kosten auferlegt werden.

2. Gegen diesen Beschluß ist sofortige Beschwerde zulässig.

§ 134 Nichterscheinen und Strafe

1. Erscheint eine gemäß § 132 geladene Person ohne rechtfertigende Begründung nicht, so wird sie zu einer Geldstrafe bis zu 5000 Yen oder Strafhaft verurteilt.

2. Entsprechend den Umständen können Geld- und Haftstrafe nebeneinander verhängt werden.

§ 135 Nichterscheinen und Vorführung

Wer der Ladung gemäß § 132 nicht Folge leistet, kann erneut geladen oder auf Grund eines Vorführungsbefehls vorgeführt werden.

§ 136 Entsprechende Anwendung auf Ladung und Vorführung

Die Vorschriften der §§ 62, 63 und 65 gelten entsprechend für die Ladung gemäß §§ 132 und 135, und die Vorschriften der §§ 62, 64, 66, 67, 70, 71 und 73 Abs. 1 gelten entsprechend für die Vorführung gemäß § 135.

§ 137 Verweigerung der körperlichen Untersuchung und Ordnungsstrafe in Geld usw.

1. Verweigern der Angeklagte oder eine andere Person die körperliche Untersuchung ohne rechtfertigende Begründung, so kann gegen sie durch Beschluß eine Ordnungsstrafe in Geld bis zu 5000 Yen verhängt und ihnen die durch die Weigerung entstandenen Kosten auferlegt werden.

2. Gegen diesen Beschluß ist sofortige Beschwerde zulässig.

§ 138 Verweigerung der körperlichen Untersuchung und Strafe

1. Wer die körperliche Untersuchung ohne rechtfertigende Begründung verweigert, wird mit Geldstrafe bis zu 5000 Yen oder Strafhaft bestraft.

2. Entsprechend den Umständen können Geld- und Haftstrafe nebeneinander verhängt werden.

§ 139 Zwangsweise Durchführung der körperlichen Untersuchung

Hält das Gericht die Verhängung einer Ordnungsstrafe in Geld oder einer anderen Strafe wegen Verweigerung der körperlichen Untersuchung für wirkungslos, so kann es die Untersuchung ungeachtet der Weigerung durchführen.

§ 140 Belehrung bei zwangsweiser körperlicher Untersuchung

Vor Bestrafung mit einer Ordnungsstrafe in Geld gemäß § 137 oder vor der Durchführung der körperlichen Untersuchung gemäß § 139 hat das Gericht den Staatsanwalt zu hören und sich zu bemühen, die Einwendungsgründe der zu untersuchenden Person festzustellen.

§ 141 Mithilfe bei Durchführung des Augenscheins

Zur Durchführung des Augenscheins kann, falls es notwendig ist, die Mithilfe eines Polizeibeamten verlangt werden.

§ 142 Entsprechende Anwendung

Die Vorschriften der §§ 112—114, 118 und 125 sind für die Einnahme des Augenscheins entsprechend anzuwenden.

11. ABSCHNITT

Zeugenvernehmung

§ 143 Zeugen

Sofern dieses Gesetz nichts anderes vorsieht, kann das Gericht jede Person als Zeugen vernehmen.

§ 144 Amtsgeheimnis und Zeugen

Bezeichnet ein Beamter, ehemaliger Beamter oder die zuständige Behörde Tatsachen, von denen der Beamte oder ehemalige Beamte in Ausübung seines Amtes Kenntnis erlangt hat, als Amtsgeheimnis, so kann er nur mit Genehmigung der zuständigen Aufsichtsbehörde als Zeuge vernommen werden. Die zuständige Aufsichtsbehörde darf die Zustimmung jedoch nur verweigern, wenn die Erteilung die Interessen des Staates beeinträchtigen würde.

§ 145

1. Wird die Erklärung gemäß § 144 von einer der nachfolgend aufgeführten Personen abgegeben, so darf der in Ziffer 1 genannte Personenkreis nur mit Zustimmung des betreffenden Hauses und der in Ziffer 2 genannte Personenkreis nur mit Zustimmung des Kabinetts als Zeuge vernommen werden:

(1) Mitglieder oder ehemalige Mitglieder des Ober- oder Unterhauses;

(2) amtierende oder ehemalige Ministerpräsidenten oder Staatsminister.

2. Das Oberhaus, das Unterhaus oder das Kabinett dürfen ihre Zustimmung gemäß Abs. 1 nur verweigern, wenn die Erteilung die Interessen des Staates beeinträchtigen würde.

§ 146 Strafrechtliche Verantwortung des Zeugen und Aussageverweigerung

Der Zeuge kann die Beantwortung von Fragen verweigern, die ihn der Gefahr strafrechtlicher Verfolgung und Verurteilung aussetzen würde.

§ 147 Strafrechtliche Verantwortlichkeit der Angehörigen und Aussageverweigerung

Der Zeuge kann die Beantwortung von Fragen verweigern, die folgende Personen der Gefahr strafrechtlicher Verfolgung und Verurteilung aussetzen würde:

(1) den Ehegatten des Zeugen, einen Blutsverwandten, der mit ihm bis zum dritten Grade verwandt oder bis zum zweiten Grade verschwägert ist, oder eine Person, die in einem dieser Verwandtschaftsverhältnisse mit dem Zeugen gestanden hat;

(2) den Vormund, den Aufseher des Vormunds oder den Pfleger des Zeugen;

(3) denjenigen, dessen Vormund, Aufseher des Vormunds oder Pfleger der Zeuge ist.

§ 148 Ausnahmen

Zeugen, die in einem der in § 147 bezeichneten Verhältnisse zu einem oder mehreren Mittätern oder Mitangeklagten stehen, dürfen die Beantwortung von Fragen, die sich nur auf die anderen Mittäter oder Mitangeklagten beziehen, nicht verweigern.

§ 149 Berufsgeheimnis und Aussageverweigerung

Praktizierende oder ehemalige Ärzte, Zahnärzte, Hebammen, Pflegerinnen, Rechtsanwälte, Patentanwälte, Notare oder Geistliche können das Zeugnis über Tatsachen verweigern, die sie auf Grund ihres Berufes erfahren haben und die sich auf die Geheimsphäre anderer Personen beziehen. Dies gilt jedoch nicht, wenn der Auftraggeber seine Einwilligung dazu gegeben hat oder wenn die Verweigerung des Zeugnisses lediglich ein Rechtsmißbrauch im Interesse des Angeklagten zu sein scheint (es sei denn, er selbst ist der Auftraggeber) oder wenn besondere Umstände vorliegen, die durch die Gerichtsordnung näher zu regeln sind.

§ 150 Nichterscheinen und Ordnungsstrafe in Geld usw.

1. Erscheint ein geladener Zeuge ohne rechtfertigende Begründung nicht, so kann gegen ihn durch Beschluß eine Ordnungsstrafe in Geld bis zu 5000 Yen verhängt und es können ihm die durch sein Nichterscheinen verursachten Kosten auferlegt werden.

2. Gegen diesen Beschluß ist sofortige Beschwerde zulässig.

§ 151 Nichterscheinen und Strafe

1. Erscheint eine als Zeuge geladene Person ohne rechtfertigende Begründung nicht, so wird sie zu einer Geldstrafe bis zu 5000 Yen oder Strafhaft verurteilt.

2. Entsprechend den Umständen können Geld- und Haftstrafe nebeneinander verhängt werden.

§ 152 Erneute Ladung und Vorführung

Ein Zeuge, der einer Ladung nicht Folge leistet, kann erneut geladen oder vorgeführt werden.

§ 153 Entsprechende Anwendung

Die Vorschriften der §§ 62, 63 und 65 sind entsprechend auf die Ladung des Zeugen, die Vorschriften der §§ 62, 64, 66, 67, 70, 71 und 73 Abs. 1 entsprechend auf die Vorführung eines Zeugen anzuwenden.

§ 153-2 Unterbringung des Zeugen

Ist ein Zeuge, gegen den ein Vorführungsbefehl vollstreckt worden ist, polizeilich zu überführen oder vorzuführen, so kann er, falls es notwendig ist, vorübergehend auf der nächsten Polizeistation oder einem anderen geeigneten Ort untergebracht werden.

§ 154 Vereidigung

Ein Zeuge ist zu vereidigen, sofern dieses Gesetz nichts anderes vorschreibt.

§ 155 Eidesunfähigkeit

1. Kann ein Zeuge den Sinn des Eides nicht erfassen, so ist er unvereidigt zu vernehmen.

2. Selbst wenn der in Abs. 1 genannte Zeuge vereidigt worden ist, ist seine Zeugenaussage verwertbar.

§ 156 Aussagen über Schlußfolgerungen

1. Ein Zeuge kann über Schlußfolgerungen aussagen, die er aus Tatsachen gezogen hat, die er selbst miterlebt hat.

2. Eine in Abs. 1 bezeichnete Aussage ist als Zeugenaussage verwertbar, selbst wenn sie den Charakter eines Gutachtens hat.

§ 157 Anwesenheit der Parteien, Fragerecht

1. Der Staatsanwalt, der Angeklagte oder sein Verteidiger können bei der Zeugenvernehmung anwesend sein.

2. Die gemäß Abs. 1 zur Anwesenheit bei der Zeugenvernehmung Berechtigten sind vorher über Datum, Zeit und Ort der Zeugenvernehmung zu benachrichtigen. Dies gilt jedoch nicht, wenn der zur Anwesenheit Berechtigte bereits vorher dem Gericht mitgeteilt hat, daß er bei der Vernehmung nicht anwesend zu sein beabsichtigt.

3. Sind die in Abs. 1 genannten Personen bei der Vernehmung eines Zeugen anwesend, so können sie nach Verständigung des vorsitzenden Richters dem Zeugen Fragen stellen.

§ 158 Vernehmung des Zeugen außerhalb des Gerichts, Vernehmung am Aufenthaltsort, Rechte der Parteien

1. Das Gericht kann, wenn es dies unter Berücksichtigung der Bedeutung des Zeugen, seines Alters, seiner Tätigkeit, Gesundheit, anderer Umstände und der Schwere des Falles für notwendig hält, nach Anhörung des Staatsanwalts, des Angeklagten oder seines Verteidigers den Zeugen zur Vernehmung an jeden Ort außerhalb des Gerichts laden oder ihn an seinem Aufenthaltsort vernehmen.

2. Im Fall des Abs. 1 hat das Gericht dem Staatsanwalt, dem Angeklagten und seinem Verteidiger vorher Gelegenheit zur Kenntnisnahme der Fragen zu geben, die das Gericht dem Zeugen zu stellen beabsichtigt.

3. Der Staatsanwalt, der Angeklagte oder sein Verteidiger können diesen Fragen eigene Fragen, die sie für notwendig halten, hinzufügen und das Gericht bitten, dem Zeugen diese Fragen vorzulegen.

§ 159

1. Das Gericht hat dem Staatsanwalt, dem Angeklagten oder dessen Verteidiger Gelegenheit zu geben, sich über die Zeugenaussage zu informieren, wenn der Staatsanwalt, der Angeklagte oder sein Verteidiger bei der Vernehmung des Zeugen gemäß § 158 nicht anwesend waren.

2. Ist die in Abs. 1 bezeichnete Aussage eines Zeugen für den Angeklagten unerwartet nachteilig, so können er oder sein Verteidiger eine erneute Vernehmung des Zeugen zu Punkten beantragen, die sie für notwendig halten.

3. Das Gericht kann den Antrag gemäß Abs. 2 ablehnen, wenn es ihn für unbegründet hält.

§ 160 Eides-, Aussageverweigerung und Ordnungsstrafe in Geld

1. Hat der Zeuge ohne rechtfertigende Begründung den Eid oder die Aussage verweigert, so kann er durch Beschluß zu einer Ordnungsstrafe in Geld bis zu 5000 Yen und zu den durch die Weigerung verursachten Kosten verurteilt werden.

2. Gegen diesen Beschluß ist sofortige Beschwerde zulässig.

§ 161 Eides-, Aussageverweigerung und Strafe

1. Wer ohne rechtfertigende Begründung den Eid oder die Aussage verweigert, kann zu einer Geldstrafe bis zu 5000 Yen oder zu einer Haftstrafe verurteilt werden.

2. Entsprechend den Umständen können Geld- und Haftstrafe nebeneinander verhängt werden.

§ 162 Aufforderung mitzugehen, Vorführung

Das Gericht kann, wenn es notwendig ist, durch Beschluß anordnen, daß sich der Zeuge zu einem bestimmten Ort begibt. Der Zeuge kann vorgeführt werden, wenn er der Anordnung ohne rechtfertigende Begründung nicht folgt.

§ 163 Beauftragter und ersuchter Richter

1. Ist der Zeuge außerhalb des Gerichts zu vernehmen, so kann ein Mitglied des Kollegialgerichtes mit der Vernehmung beauftragt werden oder ein Richter eines Land-, Familien- oder Amtsgerichts am Ort der Vernehmung darum ersucht werden.

2. Der ersuchte Richter kann seinerseits einen zuständigen Richter eines anderen Land-, Familien- oder Amtsgerichts darum ersuchen.

3. Ist der ersuchte Richter nicht zuständig, so kann er das Ersuchen an einen zuständigen Richter eines anderen Land-, Familien- oder Amtsgerichts weiterleiten.

4. Der beauftragte oder ersuchte Richter kann die einem Gericht oder einem vorsitzenden Richter zustehenden Anordnungen für die Vernehmung des Zeugen treffen. Beschlüsse nach §§ 150 und 160 können jedoch auch vom Gericht erlassen werden.

5. Ungeachtet des Abs. 4 sind die in § 158 Abs. 2 und 3 und § 159 vorgeschriebenen Handlungen vom Gericht durchzuführen.

§ 164 Fahrtkosten, Tage- und Übernachtungsgelder des Zeugen

1. Der Zeuge hat Anspruch auf Erstattung der Reisekosten, auf Tagegelder sowie auf Ersatz der Übernachtungskosten. Dies gilt jedoch nicht, wenn er ohne rechtfertigende Begründung die Vereidigung oder die Aussage verweigert hat.

2. Ist der Zeuge, der Reisekosten, Tagegelder oder Übernachtungskosten im voraus erhalten hat, ohne rechtfertigende Begründung nicht erschienen oder hat er ohne rechtfertigende Begründung die Vereidigung oder die Aussage verweigert, so hat er den erhaltenen Betrag zurückzuerstatten.

12. ABSCHNITT

Sachverständigenbeweis

§ 165 Sachverständige

Das Gericht kann Personen mit Sachkenntnis und Erfahrung mit der Erstattung eines Gutachtens beauftragen.

§ 166 Vereidigung

Der Sachverständige ist zu vereidigen.

§ 167 Unterbringung zur Begutachtung, Unterbringungsbefehl

1. Wird ein Gutachten über den geistigen oder körperlichen Zustand des Angeklagten erstattet, so kann das Gericht, falls es erforderlich ist, den Angeklagten für eine bestimmte Zeit in einem Krankenhaus oder einem anderen geeigneten Ort unterbringen.

2. Zur Unterbringung des Angeklagten gemäß Abs. 1 ist ein Unterbringungsbefehl zum Zwecke der Erstellung eines Sachverständigengutachtens zu erlassen.

3. Sofern es die Unterbringung gemäß Abs. 1 erforderlich macht, kann das Gericht auf Antrag der Verwaltung des Krankenhauses oder der Anstalt, in die der Angeklagte eingewiesen wird, oder auch von Amts wegen den Angeklagten unter Aufsicht eines Justizpolizeibeamten stellen.

4. Das Gericht kann, wenn es notwendig ist, die Unterbringungsdauer verlängern oder abkürzen.

5. Sofern dieses Gesetz nichts anderes vorsieht, gelten die Vorschriften über die Verhaftung entsprechend für die Unterbringung gemäß Abs. 1. Die Vorschriften über die Freilassung gegen Sicherheitsleistung finden jedoch keine Anwendung.

6. Die Dauer der Unterbringung gemäß Abs. 1 gilt bei der Berechnung der in Untersuchungshaft verbrachten Tage als Haft.

§ 167-2 Unterbringung zur Begutachtung und Aussetzung des Haftvollzugs

1. Wird ein Unterbringungsbefehl zum Zwecke der Erstattung eines Sachverständigengutachtens gegen einen verhafteten Angeklagten vollstreckt, so gilt der Vollzug der Haft für die Zeit der Unterbringung als ausgesetzt.

2. Nach Aufhebung der Maßnahme gemäß § 167 Abs. 1 oder nach Ablauf der Unterbringungszeit ist im Falle des Abs. 1 § 98 entsprechend anzuwenden.

§ 168 Gutachten und notwendige Maßnahmen, schriftliche Erlaubnis

1. Wenn es zum Zwecke der Erstattung eines Sachverständigengutachtens notwendig ist, kann der Sachverständige mit Erlaubnis des Gerichts die Wohnung einer Person oder bewachte Herrenhäuser, Gebäude oder Schiffe betreten, die Person untersuchen, eine Leiche oder ein Grab öffnen oder Gegenstände aufbrechen.

2. Erteilt das Gericht die Erlaubnis gemäß Abs. 1, so muß es eine schriftliche Erlaubnis ausstellen, die den Namen des Angeklagten, die gesetzliche Bezeichnung der Straftat und die Bezeichnung des zu betretenden Raumes, der zu untersuchenden Person, der zu öffnenden Leiche oder des zu öffnenden Grabes oder der zu zerstörenden Gegenstände sowie den Namen des Sachverständigen und weitere durch die Gerichtsordnung vorgeschriebene Vermerke zu enthalten hat.

3. Das Gericht kann anordnen, daß die Untersuchung einer Person unter Bedingungen, die es für zweckmäßig hält, stattfindet.

4. Der Sachverständige hat die Erlaubnis demjenigen vorzuzeigen, gegen den eine der in Abs. 1 aufgeführten Maßnahmen durchgeführt wird.

5. Abs. 2 bis 4 finden keine Anwendung, wenn der Sachverständige eine der in Abs. 1 aufgeführten Maßnahmen in der öffentlichen Verhandlung durchführt.

6. Die Vorschriften der §§ 131, 137, 138 und 140 finden für die Untersuchung einer Person durch den Sachverständigen gemäß Abs. 1 entsprechende Anwendung.

§ 169 Beauftragter Richter

Das Gericht kann ein Mitglied eines Kollegialgerichts mit der Durchführung der für die Erstattung eines Sachverständigengutachtens erforderlichen Maßnahmen beauftragen. Dies gilt jedoch nicht für die Maßnahmen gemäß § 167 Abs. 1.

§ 170 Anwesenheit der Parteien

Bei der Erstellung des Gutachtens durch den Sachverständigen können der Staatsanwalt und der Verteidiger anwesend sein. § 157 Abs. 2 findet für diesen Fall entsprechende Anwendung.

§ 171 Entsprechende Anwendung

Mit Ausnahme der Vorschriften über die Vorführung finden die Vorschriften des 11. Abschnittes auf die Erstattung eines Gutachtens entsprechende Anwendung.

§ 172 Antrag auf körperliche Untersuchung durch den Richter

1. Verweigert die vom Sachverständigen gemäß § 168 Abs. 1 zu untersuchende Person die Untersuchung, so kann der Sachverständige die Untersuchung durch den Richter beantragen.

2. Der gemäß Abs. 1 ersuchte Richter kann die Person unter entsprechender Anwendung der Vorschriften des 10. Abschnittes untersuchen.

§ 173 Sachverständigengebühren, Erstattung von Auslagen

Ein Sachverständiger kann neben Reisekosten, Tagegeldern und Übernachtungskosten Gebühren sowie Erstattung jeglicher Auslagen verlangen.

§ 174 Sachverständiger Zeuge

Wird eine Person über vergangene Tatsachen vernommen, von denen sie besondere Kenntnisse hat, so finden statt der Vorschriften dieses Abschnittes die Vorschriften des 11. Abschnittes Anwendung.

13. ABSCHNITT

Dolmetschen und Übersetzen

§ 175 Dolmetschen

Soll eine Person, die der japanischen Sprache nicht mächtig ist, Aussagen machen, so ist ein Dolmetscher hinzuzuziehen.

§ 176

Soll eine taube oder stumme Person Aussagen machen, so kann ein Dolmetscher hinzugezogen werden.

§ 177 Übersetzung

Schriften oder Zeichen einer anderen als der japanischen Sprache können übersetzt werden.

§ 178 Entsprechende Anwendung

Die Vorschriften des 12. Abschnittes finden auf Dolmetschen und Übersetzen entsprechende Anwendung.

14. ABSCHNITT

Sicherung des Beweises

§ 179 Antrag auf Beweissicherung und Verfahren

1. Liegen Umstände vor, die die Erhebung eines Beweises ohne vorherige Sicherstellung erschweren, so können der Angeklagte, der Beschuldigte oder sein Verteidiger bis zum Zeitpunkt der ersten öffentlichen Verhandlung beantragen, daß ein Richter Maßnahmen wie Beschlagnahme, Durchsuchung, Beweis durch Augenschein, Vernehmung von Zeugen oder Sachverständigen ergreift.

2. Der Richter, bei dem ein Antrag gemäß Abs. 1 eingegangen ist, hat die gleichen Befugnisse, die ein Gericht oder ein vorsitzender Richter in diesem Falle hätte.

§ 180 Recht der Parteien auf Einsicht und Kopieren von Akten und Beweisgegenständen

1. Der Staatsanwalt und der Verteidiger können bei Gericht Schriftstücke und Beweisgegenstände, auf die sich die Maßnahmen gemäß § 179 Abs. 1 beziehen, einsehen und abschreiben. Für die Anfertigung von Kopien von Beweisgegenständen durch den Verteidiger ist die Erlaubnis des Richters notwendig.

2. Mit Erlaubnis des Richters kann der Angeklagte oder Beschuldigte bei Gericht die in Abs. 1 aufgeführten Schriftstücke und Beweisgegenstände einsehen. Dies gilt jedoch nicht, wenn dem Angeklagten oder Beschuldigten ein Verteidiger gestellt worden ist.

15. ABSCHNITT

Kosten des Verfahrens

§ 181 Kostenpflicht des Angeklagten

1. Wird der Angeklagte bestraft, so sind ihm die Kosten des Verfahrens ganz oder teilweise aufzuerlegen. Dies gilt jedoch nicht, wenn der Angeklagte wegen Mittellosigkeit zur Zahlung der Kosten offensichtlich nicht in der Lage ist.

2. Auch wenn kein Strafausspruch erfolgt, können dem Angeklagten die Kosten auferlegt werden, die er schuldhaft verursacht hat.

3. Die durch Einlegung eines Rechtsmittels durch den Staatsanwalt entstandenen Kosten sind bei Verwerfung oder Rücknahme des Rechtsmittels dem Angeklagten nicht aufzuerlegen.

§ 182 Kosten bei mehreren Angeklagten

Die Kosten des Verfahrens gegen Mitangeklagte, die Teilnehmer einer Straftat sind, können ihnen als Gesamtschuldnern auferlegt werden.

§ 183 Kostenpflicht des Antragstellers usw.

Ist in einer Strafsache, in der die Strafverfolgung auf Grund eines entgegen besserem Wissen oder mit grober Fahrlässigkeit erwirkten Strafantrags, einer Anzeige oder eines besonderen Antrags eingeleitet worden war, ein Freispruch erfolgt oder das Verfahren durch Urteil eingestellt worden, so sind die Kosten dem Anzeigenden oder Antragsteller aufzuerlegen.

§ 184 Rücknahme des Rechtsmittels und Kostenpflicht

Wird ein Rechtsmittel oder ein Antrag auf Wiedereröffnung des Verfahrens oder ein Antrag auf ordentliches Verfahren von einer anderen Person als dem Staatsanwalt zurückgenommen, so sind die mit dem Rechtsmittel, Wiederaufnahmeverfahren oder ordentlichen Verfahren verbundenen Kosten dieser Person aufzuerlegen.

§ 185 Entscheidung über die Kostenpflicht des Angeklagten

Sind die Kosten eines durch Entscheidung beendeten Verfahrens dem Angeklagten aufzuerlegen, so ist über die Kosten von Amts wegen zu entscheiden. Gegen diese Entscheidung ist ein Rechtsmittel nur zulässig, wenn die Entscheidung zur Hauptsache angefochten wird.

§ 186 Entscheidung über die Kostenpflicht Dritter

Sind die Kosten eines durch Entscheidung beendeten Verfahrens einer anderen Person als dem Angeklagten aufzuerlegen, so ist über die Kosten von Amts wegen durch gesonderten Beschluß zu entscheiden. Gegen den Beschluß ist sofortige Beschwerde zulässig.

§ 187 Keine Entscheidung zur Hauptsache

Über die Kostentragungspflicht eines Verfahrens, das auf andere Weise als durch Entscheidung endet, hat das Gericht, das zuletzt mit der Sache befaßt war, durch Beschluß von Amts wegen zu entscheiden. Gegen den Beschluß ist sofortige Beschwerde zulässig.

§ 188 Berechnung der Kosten

Ist in der Kostenentscheidung die Höhe der Kosten nicht angegeben, so ist sie vom Staatsanwalt, der die Vollstreckung leitet, festzusetzen.

ZWEITES BUCH

Erste Instanz

1. ABSCHNITT

Ermittlung

§ 189 Allgemeine Justizpolizeibeamte und Ermittlung

1. Polizeibeamte sind auf Grund anderer Gesetze oder der Verordnungen der staatlichen oder provinzialen Sicherheitskommission befugt, als Justizpolizeibeamte zu handeln.

2. Liegt der Verdacht einer strafbaren Handlung vor, so ermitteln Justizpolizeibeamte den Täter und die Beweise.

§ 190 Besondere Justizpolizeibeamte

Die Voraussetzungen für die Ernennung von Justizpolizeibeamten für Forsten, die Eisenbahn oder andere Sondergebiete sowie deren Aufgaben werden durch ein anderes Gesetz bestimmt.

§ 191 Staatsanwalt, Hilfsbeamter der Staatsanwaltschaft und Ermittlung

1. Der Staatsanwalt kann, sofern es ihm notwendig erscheint, selbst ermitteln.

2. Hilfsbeamte der Staatsanwaltschaft ermitteln auf Weisung des Staatsanwalts.

§ 192 Mitwirkung bei der Ermittlung

Die Staatsanwälte, die provinziale Sicherheitskommission und die Justizpolizeibeamten haben bei der Ermittlung zusammenzuarbeiten.

§ 193 Anweisung und Leitung der Justizpolizeibeamten durch den Staatsanwalt

1. Innerhalb seines Zuständigkeitsbezirks kann der Staatsanwalt den Justizpolizeibeamten notwendige allgemeine Anweisungen hinsichtlich der Ermittlung geben. Derartige Anweisungen bestehen aus allgemeinen Richtlinien für eine sachgerechte Ermittlung und den zur Durchführung der Strafverfolgung notwendigen Anordnungen.

2. Der Staatsanwalt kann innerhalb seines Zuständigkeitsbezirks die erforderliche allgemeine Leitung der Justizpolizeibeamten übernehmen, um die Zusammenarbeit bei der Ermittlung zu bewirken.

3. Wenn ein Staatsanwalt die Ermittlungen selbst übernimmt, kann er, wenn es notwendig ist, die Justizpolizeibeamten anweisen und sie zur Mithilfe bei der Ermittlung veranlassen.

4. Im Falle der Abs. 1—3 haben die Justizpolizeibeamten den Hinweisen des Staatsanwalts Folge zu leisten.

§ 194 Klage über Justizpolizeibeamte mit der Forderung von Disziplinarmaßnahmen oder Entlassung

1. Folgen die Justizpolizeibeamten ohne rechtfertigende Begründung den Anweisungen und der Leitung des Staatsanwaltes nicht, so können der Oberste Staatsanwalt, der Generalstaatsanwalt oder der Oberstaatsanwalt, wenn es ihnen notwendig erscheint und es sich bei den Justizpolizeibeamten um Polizeibeamte handelt, Disziplinarmaßnahmen gegen sie verlangen oder ihre Entlassung bei der staatlichen oder provinzialen Sicherheitskommission fordern; handelt es sich um Justizpolizeibeamte, die keine Polizeibeamten sind, so ist der Antrag an die Person zu richten, die für den Erlaß von Disziplinarmaßnahmen oder die Entlassung zuständig ist.

2. Die staatliche, die provinziale Sicherheitskommission oder die für die Verhängung von Disziplinarmaßnahmen oder Entlassungen von Justizpolizeibeamten, die keine Polizeibeamten sind, befugten Personen verhängen nach den Vorschriften eines anderen Gesetzes Disziplinarmaßnahmen gegen die angezeigten Personen oder entlassen sie, wenn sie die in Abs. 1 erwähnten Klagen für begründet halten.

§ 195 Amtshandlungen des Staatsanwalts oder des Hilfsbeamten der Staatsanwaltschaft außerhalb des Zuständigkeitsbezirks

Sofern es für die Durchführung der Ermittlungen notwendig ist, können der Staatsanwalt und der Hilfsbeamte der Staatsanwaltschaft auch außerhalb ihres Zuständigkeitsbezirks handeln.

§ 196 Belehrung der an der Ermittlung beteiligten Personen

Der Staatsanwalt, der Hilfsbeamte der Staatsanwaltschaft, Justizpolizeibeamte, Verteidiger und andere Personen, die auf Grund ihres Berufs ein sachliches Interesse an der Ermittlung haben, sollen darauf achten, den Ruf des Angeklagten oder anderer Personen nicht zu verletzen und die Durchführung der Ermittlungen nicht zu behindern.

§ 197 Die für die Ermittlung notwendigen Untersuchungen

1. Zum Zwecke der Ermittlung können alle notwendigen Untersuchungen durchgeführt werden. Zwangsmaßnahmen sollen, außer in den in diesem Gesetz vorgesehenen Fällen, jedoch nicht angewendet werden.

2. Behörden sowie öffentliche oder private Organisationen können um Angaben über die für die Ermittlungen erforderlichen Einzelheiten gebeten werden.

§ 198 Aufforderung zum Erscheinen und Vernehmung des Beschuldigten

1. Wenn es für die Ermittlung einer strafbaren Handlung notwendig ist, können der Staatsanwalt, der Hilfsbeamte der Staatsanwaltschaft und Justizpolizeibeamte das Erscheinen des Beschuldigten verlangen und ihn vernehmen. Der Beschuldigte kann sich jedoch weigern zu erscheinen und sich nach seinem Erscheinen jederzeit entfernen, es sei denn, er ist festgenommen oder verhaftet worden.

2. Wird der Beschuldigte gemäß Abs. 1 vernommen, so ist er vorher darauf hinzuweisen, daß er gegen seinen Willen keine Aussagen machen muß.

3. Die Aussagen des Beschuldigten können zu Protokoll genommen werden.

4. Das in Abs. 3 erwähnte Protokoll ist dem Beschuldigten zur Feststellung der Richtigkeit vorzulegen oder vorzulesen; beantragt er etwas aufzunehmen oder zu streichen oder zu ändern, so ist dies im Protokoll zu vermerken.

5. Bestätigt der Beschuldigte die Richtigkeit des Protokollinhalts, so kann er aufgefordert werden, es zu unterschreiben und zu siegeln, es sei denn, er lehnt dies ab.

§ 199 Voraussetzungen der Festnahme auf Grund eines Festnahmebefehls

1. Besteht begründeter Anlaß für den Verdacht, daß der Beschuldigte eine strafbare Handlung begangen hat, so kann der Staatsanwalt, der Hilfsbeamte der Staatsanwaltschaft oder der Justizpolizeibeamte ihn auf Grund eines im voraus durch einen Richter erlassenen Festnahmebefehls festnehmen. Ist die Tat nur mit Geldstrafe bis zu 500 Yen[11], Strafhaft oder Geldbuße bedroht, so darf die Festnahme nur durchgeführt werden, wenn der Beschuldigte keinen Wohnsitz hat oder ohne rechtfertigende Begründung nicht erscheint, obwohl er gemäß § 198 geladen worden ist.

2. Hat der Richter begründeten Anlaß für den Verdacht, daß der Beschuldigte eine strafbare Handlung begangen hat, so stellt er auf Antrag des Staatsanwalts oder eines Justizpolizeioffiziers (handelt es sich bei dem Justizpolizeioffizier um einen Polizeibeamten, nur auf Antrag der von der staatlichen oder provinzialen Sicherheitskommission bestimmten Person im Range eines Polizeiinspektors oder darüber; dasselbe gilt im Abs. 3) einen Festnahmebefehl gemäß Abs. 1 aus, es sei denn, er hält die Festnahme des Beschuldigten für offensichtlich nicht notwendig.

---

[11] Siehe Anmerkung 9.

3. Beantragt der Staatsanwalt oder der Justizpolizeioffizier einen Festnahmebefehl gemäß Abs. 1, so hat er das Gericht über bereits beantragte oder erlassene Festnahmebefehle gegen den Beschuldigten wegen derselben Straftat in Kenntnis zu setzen.

§ 200 Inhalt des Festnahmebefehls

1. Der Festnahmebefehl muß enthalten: den Namen und Wohnort des Beschuldigten, die gesetzliche Bezeichnung der Straftat, wesentliche Einzelheiten der ihm zur Last gelegten Tat, die Behörde oder jeden anderen Ort, an den der Verhaftete zu bringen ist, die Geltungsdauer und einen Hinweis, daß die Festnahme nach Ablauf dieser Frist nicht durchgeführt werden darf und der Festnahmebefehl an das ausstellende Gericht zurückzugeben ist, das Ausstellungsdatum und die von der Gerichtsordnung vorgeschriebenen Einzelheiten sowie Name und Siegel des ausstellenden Richters.

2. Die Vorschrift des § 64 Abs. 2 und 3 findet auf den Festnahmebefehl entsprechende Anwendung.

§ 201 Form der Festnahme auf Grund eines Festnahmebefehls

1. Der Festnahmebefehl ist dem Beschuldigten bei der Festnahme vorzuzeigen.

2. § 73 Abs. 3 findet entsprechende Anwendung auf den Fall, daß der Beschuldigte auf Grund eines Festnahmebefehls festgenommen wird.

§ 202 Vorführung vor den Staatsanwalt oder Justizpolizeioffizier

Hat ein Hilfsbeamter der Staatsanwaltschaft oder ein Justizpolizeibeamter des mittleren Dienstes den Beschuldigten auf Grund des Festnahmebefehls festgenommen, so hat der Hilfsbeamte den Festgenommenen sofort einem Staatsanwalt, der Justizpolizeibeamte ihn einem Justizpolizeioffizier vorzuführen.

§ 203 Verfahren vor dem Justizpolizeioffizier, Übergabefrist

Hat ein Justizpolizeioffizier den Beschuldigten auf Grund eines Festnahmebefehls festgenommen oder den Festgenommenen in Empfang genommen, so hat er ihn unverzüglich über die wesentlichen Einzelheiten der Straftat und sein Recht auf Wahl eines Verteidigers zu belehren und ihn, nachdem er ihm Gelegenheit zur Stellungnahme gegeben hat, sofort freizulassen, wenn er der Ansicht ist, daß ein weiteres Festhalten nicht notwendig ist; hält er die Festnahme für notwendig, so hat er innerhalb von 48 Stunden nach der Festnahme des Beschuldigten dessen Übergabe an den Staatsanwalt mit Unterlagen und Beweisen zu veranlassen.

2. Im Falle des Abs. 1 ist der Beschuldigte zu fragen, ob er einen Verteidiger hat; ist dies der Fall, so braucht er über sein Recht auf Wahl eines Verteidigers nicht belehrt zu werden.

3. Wird der Beschuldigte nicht innerhalb der in Abs. 1 erwähnten Frist übergeben, so ist er sofort freizulassen.

§ 204 Verfahren vor dem Staatsanwalt, Antragsfrist für Haftbefehl

1. Hat der Staatsanwalt den Beschuldigten auf Grund eines Festnahmebefehls festgenommen oder den auf Grund eines Festnahmebefehls Festgenommenen in Empfang genommen (ausgenommen sind Beschuldigte, die gemäß § 203 übergeben wurden), so hat er ihn sofort über die wesentlichen Einzelheiten der Straftat und sein Recht auf Wahl eines Verteidigers zu belehren und ihn, nachdem er ihm Gelegenheit zur Stellungnahme gegeben hat, sofort freizulassen, wenn er der Ansicht ist, daß ein weiteres Festhalten nicht notwendig ist; hält er die Festnahme für notwendig, so muß er innerhalb von 48 Stunden nach dessen Festnahme bei einem Richter Haftbefehl gegen den Beschuldigten beantragen. Der Antrag auf Erlaß eines Haftbefehls ist jedoch nicht notwendig, wenn innerhalb der Frist Anklage erhoben wird.

2. Ist der Antrag auf Erlaß eines Haftbefehls oder die Erhebung der Anklage innerhalb der in Abs. 1 erwähnten Frist nicht erfolgt, so ist der Angeklagte sofort freizulassen.

3. § 203 Abs. 2 findet auf Abs. 1 entsprechende Anwendung.

§ 205 Verfahren vor dem Staatsanwalt, der einen Beschuldigten von Justizpolizeioffizieren in Empfang genommen hat, Antragsfrist für den Haftbefehl

1. Hat der Staatsanwalt den übergebenen Beschuldigten gemäß § 203 in Empfang genommen, so hat er ihm Gelegenheit zur Stellungnahme zu geben und ihn sofort freizulassen, wenn er ein weiteres Festhalten nicht für notwendig hält; hält er die Festnahme für notwendig, so muß er innerhalb von 24 Stunden nach Empfang des Beschuldigten bei einem Richter den Erlaß eines Haftbefehls beantragen.

2. Die in Abs. 1 erwähnte Frist darf 72 Stunden nach Festnahme des Beschuldigten nicht überschreiten.

3. Ist innerhalb der in Abs. 1 und 2 erwähnten Frist Anklage erhoben, so braucht ein Antrag auf Erlaß eines Haftbefehls nicht gestellt zu werden.

4. Wenn der Antrag auf Erlaß eines Haftbefehls oder Erhebung der Anklage innerhalb der in Abs. 1 und 2 erwähnten Frist nicht erfolgt, ist der Beschuldigte sofort freizulassen.

§ 206 Fristversäumung und Rechtfertigung

1. Waren der Staatsanwalt oder der Justizpolizeioffizier an der Einhaltung der in §§ 203—205 vorgesehenen Fristen aus unvermeidbaren Gründen verhindert, so kann der Staatsanwalt unter Glaubhaftmachung dieser Umstände bei dem Richter die Verhaftung des Beschuldigten beantragen.

2. Ist ein Antrag gemäß Abs. 1 gestellt worden, so erläßt der Richter einen Haftbefehl nur, wenn er die Überschreitung der Frist als durch die unvermeidbaren Umstände gerechtfertigt ansieht.

§ 207 Verhaftung des Beschuldigten

1. Der Richter, bei dem ein Antrag auf Erlaß eines Haftbefehls gemäß §§ 204—206 gestellt worden ist, hat in bezug auf die Entscheidung hierüber die gleichen Befugnisse wie das Gericht oder der vorsitzende Richter. Dies gilt jedoch nicht für die Freilassung gegen Sicherheitsleistung.

2. Ist bei einem Richter einer der in Abs. 1 genannten Anträge gestellt worden, so hat er unverzüglich einen Haftbefehl zu erlassen. Hält er jedoch die Verhaftung für unbegründet, oder kann ein Haftbefehl gemäß § 206 Abs. 2 nicht erlassen werden, so hat er ohne Erlaß eines Haftbefehls die sofortige Freilassung des Beschuldigten anzuordnen.

§ 208 Haftdauer vor Anklageerhebung, Verlängerung der Haftdauer

1. Ist bei einer Verhaftung des Beschuldigten gemäß § 207 innerhalb von zehn Tagen nach Antrag auf Erlaß eines Haftbefehls keine Anklage erhoben worden, so hat der Staatsanwalt den Beschuldigten sofort freizulassen.

2. Hält der Richter unvermeidbare Umstände für gegeben, so kann er die in Abs. 1 erwähnte Frist auf Antrag des Staatsanwalts verlängern. Die Verlängerung darf insgesamt nicht mehr als zehn Tage betragen.

§ 208-2 Erneute Verlängerung der Haftdauer

Handelt es sich um Straftaten, die in Buch 2 Abschnitt 2—7 und Abschnitt 8[12] des Strafgesetzbuches aufgeführt werden, so kann der Richter auf Antrag des Staatsanwalts die gemäß § 208 Abs. 2 verlängerte Frist nochmals verlängern. Die verlängerte Frist darf insgesamt fünf Tage nicht überschreiten.

§ 209 Entsprechende Anwendung auf Festnahme auf Grund eines Festnahmebefehls

Die Vorschriften der §§ 74, 75 und 78 finden für die Verhaftung auf Grund eines Festnahmebefehls entsprechende Anwendung.

§ 210 Festnahme im Dringlichkeitsfall

1. Ist der Verdacht einer Straftat, die mit Todesstrafe oder mit lebenslänglichem Zuchthaus oder Gefängnis oder einer Höchststrafe von mehr als drei Jahren Zuchthaus oder Gefängnis bedroht ist, ausreichend begründet, und kann infolge der großen Dringlichkeit ein Festnahmebefehl nicht vorher von einem Richter erlangt wer-

---

[12] Zweites Buch. Straftaten.
2. Abschnitt: Straftaten betreffend inneren Aufruhr.
3. Abschnitt: Straftaten betreffend ausländische Angriffe.
4. Abschnitt: Straftaten betreffend die internationalen Beziehungen.
8. Abschnitt: Straftaten des Aufruhrs.

den, so können der Staatsanwalt, der Hilfsbeamte der Staatsanwaltschaft oder der Justizpolizeibeamte den Beschuldigten unter Darlegung der Gründe festnehmen. In diesem Fall sind sofort Maßnahmen zur Erlangung eines richterlichen Festnahmebefehls zu ergreifen. Wird der Festnahmebefehl nicht ausgestellt, so ist der Beschuldigte sofort freizulassen.

2. § 200 findet auf den in Abs. 1 erwähnten Festnahmebefehl entsprechende Anwendung.

§ 211 Festnahme im Dringlichkeitsfall und entsprechende Anwendung

Ist ein Beschuldigter gemäß § 210 festgenommen worden, so finden die Vorschriften über die Festnahme eines Beschuldigten gemäß § 199 entsprechende Anwendung.

§ 212 Auf frischer Tat betroffener Täter

1. Wer eine Straftat begeht oder gerade begangen hat, ist ein auf frischer Tat betroffener Täter.

2. Als ein auf frischer Tat betroffener Täter wird angesehen, wer unter den folgenden Umständen, die deutlich darauf hinweisen, daß gerade eine Straftat begangen worden ist, angetroffen wird:

(1) wenn eine Person als Täter mit Geschrei verfolgt wird;

(2) wenn eine Person unrechtmäßig erworbene Gegenstände, Waffen oder andere Gegenstände, die offensichtlich in Zusammenhang mit einer Straftat gebraucht worden sind, bei sich trägt;

(3) wenn eine Person an ihrem Körper oder ihrer Kleidung sichtbare Spuren einer Straftat aufweist;

(4) wenn eine Person auf Anruf wegzulaufen versucht.

§ 213 Festnahme des auf frischer Tat betroffenen Täters

Einen auf frischer Tat betroffenen Täter kann jedermann ohne Festnahmebefehl festnehmen.

§ 214 Festnahme des auf frischer Tat betroffenen Täters durch Privatpersonen und Übergabe des Festgenommenen

Hat eine andere Person als der Staatsanwalt, ein Hilfsbeamter der Staatsanwaltschaft oder ein Justizpolizeibeamter einen auf frischer Tat betroffenen Täter festgenommen, so hat sie ihn unverzüglich einem Staatsanwalt der Landes- oder Amtsstaatsanwaltschaft oder einem Justizpolizeibeamten zu übergeben.

§ 215 Verfahren vor dem Justizpolizeibeamten des mittleren Dienstes nach Übernahme des Festgenommenen

1. Hat ein Justizpolizeibeamter des mittleren Dienstes einen auf frischer Tat betroffenen Täter in Empfang genommen, so hat er ihn unverzüglich einem Justizpolizeioffizier zu überstellen.

2. Ein Justizpolizeibeamter des mittleren Dienstes, dem der Täter übergeben worden ist, hat den Festnehmenden nach seinem Namen und Wohnort sowie nach den Gründen der Festnahme zu fragen. Sofern es notwendig ist, kann er den Festnehmenden auffordern, ihn zu der betreffenden Behörde zu begleiten.

§ 216 Festnahme des auf frischer Tat betroffenen Täters und entsprechende Anwendung

Die Vorschriften über die Festnahme eines Beschuldigten gemäß § 199 finden für die Festnahme eines auf frischer Tat betroffenen Täters entsprechende Anwendung.

§ 217 Leichte Straftat und Festnahme des auf frischer Tat betroffenen Täters

Ist die frische Tat mit Geldstrafe bis zu 500 Yen[13], Haft oder Geldbuße bedroht, so finden die §§ 213—216 nur Anwendung, wenn die Wohnung oder der Name des Täters unbekannt oder er der Flucht verdächtig ist.

§ 218 Beschlagnahme, Durchsuchung, Augenschein auf Grund eines entsprechenden Befehls

1. Wenn es für die Ermittlungen einer strafbaren Handlung notwendig ist, können der Staatsanwalt, der Hilfsbeamte der Staatsanwaltschaft oder der Justizpolizeibeamte auf Grund eines richterlichen Befehls eine Beschlagnahme, eine Durchsuchung und einen Augenschein durchführen. Für die körperliche Untersuchung ist ein entsprechender Untersuchungsbefehl erforderlich.

2. Befindet sich der Beschuldigte nicht auf freiem Fuße, so ist für die Abnahme seiner Finger- oder Fußabdrücke, die Feststellung seiner Größen- oder Gewichtsmaße oder die Anfertigung einer Photographie der in Abs. 1 erwähnte Befehl nicht notwendig, wenn der Beschuldigte nicht entkleidet werden muß.

3. Der in Abs. 1 genannte Befehl wird auf Antrag des Staatsanwalts, eines Hilfsbeamten der Staatsanwaltschaft oder eines Justizpolizeioffiziers ausgestellt.

4. Beantragt der Staatsanwalt, der Hilfsbeamte der Staatsanwaltschaft oder der Justizpolizeioffizier einen Befehl für eine körperliche Untersuchung, so muß er die Gründe für deren Notwendigkeit, das Geschlecht und den physischen Zustand der zu untersuchenden Person und andere in der Gerichtsordnung vorgeschriebene Einzelheiten darlegen.

5. Der Richter kann anordnen, daß die körperliche Untersuchung unter bestimmten Bedingungen, die er für zweckmäßig hält, stattfindet.

---

[13] Siehe Anmerkung 9.

§ 219 Inhalt des Beschlagnahme- usw. Befehls

1. Der in § 218 erwähnte Befehl muß enthalten: den Namen des Beschuldigten oder Angeklagten, die gesetzliche Bezeichnung der Straftat, die Bezeichnung der zu beschlagnahmenden Gegenstände, der zu durchsuchenden Räume, Personen oder Gegenstände, der in Augenschein zu nehmenden Räume oder Gegenstände, der zu untersuchenden Personen und die diesbezüglichen Bedingungen, die Geltungsdauer, einen Hinweis, daß nach Ablauf der Frist mit der Beschlagnahme, der Durchsuchung oder dem Augenschein nicht begonnen werden darf und der Befehl dem Gericht zurückzugeben ist, das Ausstellungsdatum und andere von der Gerichtsordnung vorgeschriebene Einzelheiten sowie Name und Siegel des ausstellenden Richters.

2. § 64 Abs. 2 findet auf den in § 218 genannten Befehl entsprechende Anwendung.

§ 220 Beschlagnahme, Durchsuchung, Augenschein ohne entsprechenden Befehl

1. Nimmt der Staatsanwalt, der Hilfsbeamte der Staatsanwaltschaft oder ein Justizpolizeibeamter einen Beschuldigten gemäß § 199 oder einen auf frischer Tat betroffenen Täter fest, so kann er, falls es notwendig ist, die folgenden Maßnahmen durchführen. Dasselbe gilt, wenn notwendig, sofern der Beschuldigte gemäß § 210 festgenommen wird. Er kann:

(1) Wohnungen oder bewachte Herrenhäuser, Gebäude oder Schiffe betreten und nach dem Beschuldigten suchen;

(2) am Ort der Festnahme eine Beschlagnahme, eine Durchsuchung oder einen Augenschein durchführen.

2. Kann ein Festnahmebefehl im Falle von Abs. 1 Satz 2 nicht erlangt werden, so sind die beschlagnahmten Gegenstände unverzüglich zurückzugeben.

3. Für die in Abs. 1 genannten Maßnahmen ist ein Befehl nicht notwendig.

4. Abs. 1 Ziff. 2 und Abs. 3 finden entsprechende Anwendung, wenn ein Hilfsbeamter der Staatsanwaltschaft oder ein Justizpolizeibeamter einen Vorführungs- oder Haftbefehl vollzieht. Daneben findet Abs. 1 Ziff. 1 entsprechende Anwendung, wenn der gegen einen Beschuldigten erlassene Vorführungs- oder Haftbefehl vollstreckt wird.

§ 221 Einbehaltung

Der Staatsanwalt, der Hilfsbeamte der Staatsanwaltschaft oder ein Justizpolizeibeamter können Gegenstände, die der Beschuldigte oder andere Personen zurückgelassen haben oder die vom Eigentümer, Besitzer oder Verwahrer freiwillig herausgegeben worden sind, einbehalten.

§ 222 Auf Beschlagnahme, Durchsuchung und Augenschein entsprechend anzuwendende Vorschriften, zeitliche Beschränkung für den Augenschein, Anwesenheit des Beschuldigten, Strafe bei Ablehnung der körperlichen Untersuchung

1. Die Vorschriften der §§ 99, 100, 102—105, 110—112, 114, 115 und 118—124 finden auf die durch den Staatsanwalt, den Hilfsbeamten der Staatsanwaltschaft oder einen Justizpolizeibeamten gemäß §§ 218, 220 und 221 durchgeführte Beschlagnahme oder Durchsuchung entsprechende Anwendung. Die Vorschriften der §§ 110, 112, 114, 118, 129, 131 und 137—140 finden auf den von dem Staatsanwalt, dem Hilfsbeamten der Staatsanwaltschaft oder einem Justizpolizeibeamten gemäß §§ 218 oder 220 durchgeführten Augenschein entsprechende Anwendung. Ein Justizpolizeibeamter des mittleren Dienstes ist jedoch nicht befugt, die Maßnahmen gemäß §§ 122—124 zu ergreifen.

2. Im Dringlichkeitsfalle braucht bei der Durchsuchung eines Beschuldigten gemäß § 220 die Vorschrift des § 114 Abs. 2 nicht beachtet zu werden.

3. Die Vorschriften der §§ 116 und 117 finden auf die durch den Staatsanwalt, den Hilfsbeamten der Staatsanwaltschaft oder einen Justizpolizeibeamten gemäß § 218 durchgeführte Beschlagnahme oder Durchsuchung entsprechende Anwendung.

4. Vor Sonnenaufgang und nach Sonnenuntergang dürfen der Staatsanwalt, der Hilfsbeamte der Staatsanwaltschaft oder ein Justizpolizeibeamter Wohnungen oder bewachte Herrenhäuser, Gebäude oder Schiffe zum Zwecke der Einnahme eines Augenscheins gemäß § 218 nur betreten, wenn dies ausdrücklich im Befehl vorgesehen ist. Dies gilt jedoch nicht für die in § 117 genannten Räume.

5. Hat die Einnahme des Augenscheins vor Sonnenuntergang begonnen, so kann sie auch nach Sonnenuntergang fortgesetzt werden.

6. Führt der Staatsanwalt, der Hilfsbeamte der Staatsanwaltschaft oder ein Justizpolizeibeamter eine Beschlagnahme, eine Durchsuchung oder einen Augenschein gemäß § 218 durch, so kann der Beschuldigte, wenn es notwendig ist, zur Anwesenheit veranlaßt werden.

7. Soll gemäß Abs. 1 einer Person wegen Verweigerung der körperlichen Untersuchung eine Ordnungsstrafe in Geld oder sollen ihr die sich aus der Weigerung ergebenden Kosten auferlegt werden, so ist dies beim Gericht zu beantragen.

§ 223 Freiwilliges Erscheinen Dritter, Vernehmung, Beantragung eines Sachverständigengutachtens

1. Der Staatsanwalt, der Hilfsbeamte der Staatsanwaltschaft und der Justizpolizeibeamte können jede andere Person als den Beschuldigten auffordern, in ihrer Dienststelle zu erscheinen, sie vernehmen oder sie bitten, eine gutachtliche Äußerung abzugeben oder als Übersetzer oder Dolmetscher tätig zu werden, sofern dies für die Ermittlungen einer strafbaren Handlung notwendig ist.

2. Die Vorschriften des § 198 Abs. 1 Satz 2 und Abs. 3—5 finden auf Abs. 1 entsprechende Anwendung.

§ 224 Beantragung eines Sachverständigengutachtens und Antrag auf Unterbringung

1. Wird ein Sachverständigengutachten gemäß § 223 Abs. 1 angefordert, und ist es nötig, die in § 167 Abs. 1 vorgesehenen Maßnahmen zu ergreifen, so sind diese Maßnahmen vom Staatsanwalt, dem Hilfsbeamten der Staatsanwaltschaft oder dem Justizpolizeioffizier bei einem Richter zu beantragen.

2. Hält der Richter den in Abs. 1 erwähnten Antrag für begründet, so hat er die § 167 entsprechenden Maßnahmen durchzuführen. In diesem Fall findet die Vorschrift des § 167-2 entsprechende Anwendung.

§ 225 Sachverständige und notwendige Maßnahmen, schriftliche Erlaubnis

1. Der Sachverständige, der zur Abgabe eines Gutachtens gemäß § 223 Abs. 1 aufgefordert worden ist, kann mit Erlaubnis des Richters die in § 168 Abs. 1 vorgeschriebenen Maßnahmen durchführen.

2. Die in Abs. 1 erwähnte Erlaubnis ist durch den Staatsanwalt, den Hilfsbeamten der Staatsanwaltschaft oder einen Justizpolizeioffizier zu beantragen.

3. Hält der Richter den in Abs. 2 erwähnten Antrag für begründet, so hat er eine schriftliche Erlaubnis zu erteilen.

4. Die Vorschriften des § 168 Abs. 2—4 und 6 finden auf die in Abs. 3 erwähnte schriftliche Erlaubnis entsprechende Anwendung.

§ 226 Antrag auf Zeugenvernehmung

Weigert sich eine Person, die offensichtlich für die Ermittlungen einer strafbaren Handlung unentbehrliche Informationen besitzt, zu der Vernehmung gemäß § 223 Abs. 1 zu erscheinen oder diese Kenntnisse freiwillig bei der Vernehmung darzulegen, so kann der Staatsanwalt die richterliche Vernehmung dieser Person als Zeuge nur vor dem ersten Verhandlungstermin beantragen.

§ 227

1. Ist die Annahme begründet, daß jemand, der freiwillig bei der Vernehmung durch den Staatsanwalt, den Hilfsbeamten der Staatsanwaltschaft oder einen Justizpolizeioffizier gemäß § 223 Abs. 1 ausgesagt hat, genötigt werden könnte, diese Aussagen in der Hauptverhandlung abzuändern und ergibt sich, daß diese Zeugenaussage zum Beweis der strafbaren Handlung unentbehrlich sein wird, so kann der Staatsanwalt die richterliche Vernehmung dieser Person als Zeuge nur vor dem ersten Verhandlungstermin beantragen.

2. Der Staatsanwalt muß für den in Abs. 1 erwähnten Antrag glaubhaft machen, daß eine solche Vernehmung notwendig und für den Beweis der strafbaren Handlung unentbehrlich ist.

§ 228 Zeugenvernehmung

1. Der Richter, bei dem der in den §§ 226 und 227 vorgeschriebene Antrag gestellt worden ist, hat in bezug auf die Zeugenvernehmung die gleichen Befugnisse wie das Gericht oder der vorsitzende Richter.

2. Der Richter kann den Angeklagten, den Beschuldigten oder seinen Verteidiger zur Anwesenheit bei der in Abs. 1 erwähnten Vernehmung veranlassen, wenn er dies für den Fortgang der Ermittlung nicht für hinderlich hält.

§ 229 Leichenschau

1. Wird die Leiche einer Person gefunden, die eines unnatürlichen Todes gestorben ist oder zu sein scheint, so hat ein Staatsanwalt der Landes- oder Amtsstaatsanwaltschaft, die für den Fundort zuständig ist, die Leichenschau zu halten.

2. Der Staatsanwalt kann einen Hilfsbeamten der Staatsanwaltschaft oder einen Justizpolizeioffizier veranlassen, die in Abs. 1 erwähnten Maßnahmen zu treffen.

§ 230 Antragsberechtigter

Der durch eine Straftat Verletzte kann Strafantrag stellen.

§ 231

1. Der gesetzliche Vertreter des Verletzten kann unabhängig von diesem Strafantrag stellen.

2. Ist der Verletzte gestorben, so kann sein Ehegatte oder ein in gerader Linie Verwandter oder eines seiner Geschwister Strafantrag stellen. Gegen den ausdrücklichen Willen des Verletzten kann jedoch kein Strafantrag gestellt werden.

§ 232

Ist der gesetzliche Vertreter des Verletzten der Beschuldigte, der Ehegatte des Beschuldigten, ein Blutsverwandter bis zum vierten Grade oder ein Verschwägerter bis zum dritten Grade, so kann ein Verwandter des Verletzten selbständig Strafantrag stellen.

§ 233

1. Handelt es sich bei der Straftat um die Verunglimpfung eines Verstorbenen, so können dessen Verwandte oder Abkömmlinge Strafantrag stellen.

2. Abs. 1 findet auch für die Beleidigung Anwendung, wenn der Verletzte gestorben ist, ohne Strafantrag gestellt zu haben. Gegen den ausdrücklichen Willen des Verletzten kann jedoch kein Strafantrag gestellt werden.

§ 234 Bestimmung des Antragsberechtigten

Ist bei einer Straftat, die nur auf Antrag hin verfolgt wird, kein Antragsberechtigter vorhanden, so kann der Staatsanwalt auf Antrag eines Beteiligten eine Person bestimmen, die den Antrag stellen kann.

§ 235 Antragsfrist

1. Nach Ablauf von sechs Monaten seit dem Tage, an dem der Täter bekanntgeworden ist, kann bei strafbaren Handlungen, deren Verfolgung nur auf Antrag eintritt, kein Strafantrag mehr gestellt werden. Dies gilt jedoch nicht für den Strafantrag des Vertreters eines ausländischen Staates gemäß § 232 Abs. 2 des Strafgesetzbuches[14] oder für den Strafantrag einer Gesandtschaft wegen einer gegen eine ausländische Gesandtschaft in Japan nach §§ 230 oder 231 des Strafgesetzbuches[15] begangenen Straftat.

2. Ein Strafantrag gemäß § 229 Satz 2 des Strafgesetzbuches[16] ist unzulässig, wenn er nicht innerhalb von sechs Monaten seit dem Tage, an dem die Entscheidung über die Nichtigkeit oder Annullierung der Ehe rechtskräftig geworden ist, gestellt wurde.

§ 236 Selbständige Antragsfristen

Sind mehrere Antragsberechtigte vorhanden, so ist die Fristversäumung des einen dem anderen Antragsberechtigten nicht zuzurechnen.

§ 237 Zurücknahme des Antrags

1. Der Strafantrag kann jederzeit vor Erhebung der Anklage zurückgenommen werden.

2. Nach Zurücknahme des Strafantrags darf derselbe Antragsteller nicht erneut Strafantrag stellen.

3. Abs. 1 und 2 finden entsprechende Anwendung auf den besonderen Antrag, wenn ein Strafverfahren auf Grund eines solchen besonderen Antrags durchgeführt wird.

---

[14] § 232 Abs. 2: Ist der Kaiser, die Kaiserin, Kaiserin-Großmutter, Kaiserin-Mutter oder der Kronprinz strafantragsberechtigt, so hat der Ministerpräsident oder an seiner Stelle, wenn es sich um einen ausländischen Kaiser oder Präsidenten handelt, der Vertreter des entsprechenden Landes, den Strafantrag zu stellen.

[15] § 230: 1. Wer die Ehre eines anderen dadurch verletzt, daß er eine Tatsache ohne Rücksicht auf ihre Wahrheit oder Unwahrheit veröffentlicht, wird mit Zuchthaus oder Gefängnis bis zu drei Jahren oder mit Geldstrafe bis zu 1000 Yen bestraft.
2. Wer die Ehre eines Verstorbenen verletzt, wird nur dann bestraft, wenn die Veröffentlichung verleumderisch ist.
§ 231: Wer ohne Veröffentlichung einer Tatsache einen anderen öffentlich beleidigt, wird mit Haft oder mit Geldstrafe bestraft.

[16] § 229 Satz 2: (Die Verfolgung der Straftaten des Menschenraubes und der Entführung tritt nur auf Strafantrag ein, sofern sie nicht aus Gewinnsucht begangen sind.) Ist der Täter mit der Geraubten oder Entführten die Ehe eingegangen, so ist der Antrag jedoch erst dann zulässig, wenn die Entscheidung über die Nichtigkeit oder Annulierung der Ehe rechtskräftig geworden ist.

§ 238 Unteilbarkeit des Antrags

1. Ein gegen einen oder mehrere Teilnehmer einer nur auf Strafantrag hin zu verfolgenden Straftat eingelegter Strafantrag oder dessen Zurücknahme wirkt für alle Teilnehmer.

2. Abs. 1 findet entsprechende Anwendung auf eine Anzeige oder einen besonderen Antrag oder deren Zurücknahme, wenn eine Strafsache auf Grund einer derartigen Anzeige oder eines derartigen besonderen Antrags durchgeführt wird.

§ 239 Anzeige

1. Wer vermutet, daß eine Straftat begangen worden ist, kann Anzeige erstatten.

2. Vermutet ein staatlicher oder kommunaler Beamter bei Ausübung seiner Tätigkeit, daß eine strafbare Handlung begangen worden ist, so muß er Anzeige erstatten.

§ 240 Strafantrag durch einen Vertreter

Der Strafantrag kann durch einen Vertreter eingelegt werden. Dasselbe gilt für die Rücknahme eines Strafantrags.

§ 241 Form des Strafantrags bzw. der Strafanzeige

1. Strafantrag oder Strafanzeige sind bei einem Staatsanwalt oder bei einem Justizpolizeioffizier schriftlich oder mündlich zu stellen.

2. Der Staatsanwalt oder der Justizpolizeioffizier hat über einen mündlichen Strafantrag oder eine mündliche Strafanzeige ein Protokoll aufzunehmen.

§ 242 Verfahren vor dem Justizpolizeioffizier, der den Antrag oder die Anzeige entgegengenommen hat

Der Justizpolizeioffizier hat bei Eingang eines Strafantrags oder einer Strafanzeige die Unterlagen und Beweisgegenstände unverzüglich dem Staatsanwalt zuzuleiten.

§ 243 Entsprechende Anwendung

Die Vorschriften der §§ 241 und 242 finden auf die Rücknahme eines Strafantrags oder einer Strafanzeige entsprechende Anwendung.

§ 244 Besondere Form des Antrags eines Vertreters eines ausländischen Staates

Der von dem Vertreter eines ausländischen Staates zu stellende Strafantrag oder dessen Zurücknahme gemäß § 232 Abs. 2 des Strafgesetzbuchs[17] können unbeachtlich der Vorschriften der §§ 241 und 243 dieses Gesetzes bei dem Minister für auswärtige Angelegenheiten gestellt werden. Dasselbe gilt für den Strafantrag einer Gesandtschaft

---

[17] Siehe Anmerkung 14.

oder dessen Zurücknahme wegen einer gegen eine ausländische Gesandtschaft in Japan nach §§ 230 oder 231 des Strafgesetzbuchs[18] begangenen Straftat.

§ 245 Selbstanzeige

Die Vorschriften der §§ 241 und 242 finden auf die Selbstanzeige entsprechende Anwendung.

§ 246 Übergabe des Falles an den Staatsanwalt durch den Justizpolizeioffizier

Sofern dieses Gesetz nichts anderes vorsieht, hat der Justizpolizeioffizier, der die Ermittlungen eines Verbrechens geführt hat, den Fall unverzüglich mit den Unterlagen und Beweisgegenständen an den Staatsanwalt weiterzuleiten. Dies gilt jedoch nicht für eine vom Staatsanwalt besonders bezeichnete Sache.

2. ABSCHNITT

Öffentliche Anklage

§ 247 Anklagemonopol

Die Anklage wird durch den Staatsanwalt erhoben.

§ 248 Opportunitätsgrundsatz

Wird die Erhebung einer Anklage nach Berücksichtigung des Charakters, des Alters und der Verhältnisse des Täters, der Schwere und der Umstände der Straftat und der Verhältnisse nach der Straftat unnötig, so kann von der Erhebung der Anklage abgesehen werden.

§ 249 Subjektive Grenzen der Anklage

Die Anklage erstreckt sich nur auf den von dem Staatsanwalt bezeichneten Angeklagten.

§ 250 Verfolgungsverjährungsfrist

Die Verjährung beginnt nach Ablauf von:

(1) fünfzehn Jahren für Straftaten, die mit der Todesstrafe bedroht sind;

(2) zehn Jahren für Straftaten, die mit lebenslänglichem Zuchthaus oder Gefängnis bedroht sind;

(3) sieben Jahren für Straftaten, die mit einer Höchststrafe von mehr als zehn Jahren Zuchthaus oder Gefängnis bedroht sind;

(4) fünf Jahren für Straftaten, die mit einer Höchststrafe bis zu zehn Jahren Zuchthaus oder Gefängnis bedroht sind;

---

[18] Siehe Anmerkung 15.

(5) drei Jahren für Straftaten, die mit einer Höchststrafe bis zu fünf Jahren Zuchthaus oder Gefängnis oder mit Geldstrafe bedroht sind;

(6) einem Jahr für Straftaten, die mit Strafhaft oder Geldbuße bedroht sind.

§ 251 Strafe als Maßstab für die Verjährungsfrist

Für Straftaten, für die die gleichzeitige Verhängung von zwei oder mehreren Hauptstrafen oder einer von zwei oder mehreren Hauptstrafen angedroht ist, findet § 250 in bezug auf die schwerste Strafe Anwendung.

§ 252

Ist die Strafe gemäß dem Strafgesetzbuch zu verschärfen oder zu mildern, so findet § 250 in bezug auf die nicht erhöhte oder gemilderte Strafe Anwendung.

§ 253 Zeitpunkt des Verjährungsbeginns

1. Die Verjährung beginnt mit dem Zeitpunkt, in dem die strafbare Handlung beendet ist.

2. Ist eine Straftat von zwei oder mehreren Tätern gemeinsam begangen worden, so beginnt die Verjährung für alle Mittäter in dem Zeitpunkt, in dem die letzte Handlung beendet ist.

§ 254 Anklageerhebung und Unterbrechung der Verjährung

1. Die Verjährung endet bei Erhebung der Anklage in der betreffenden Strafsache und sie beginnt, wenn eine Entscheidung über die Unzuständigkeit oder Abweisung der Anklage rechtskräftig wird.

2. Die durch Erhebung der Anklage gegen einen der Teilnehmer bewirkte Unterbrechung der Verjährung wirkt für alle Teilnehmer. Die unterbrochene Verjährung beginnt in diesem Fall nach Rechtskraft der Entscheidung erneut zu laufen.

§ 255 Unterbrechung der Verjährung aus anderen Gründen

1. In der Zeit, in der sich der Täter außerhalb Japans aufhält oder sich so verborgen hält, daß ihm eine Abschrift der Anklage nicht zugestellt oder der Strafbefehl nicht bekanntgemacht werden kann, läuft die Verjährung nicht.

2. Die Einzelheiten, die zum Beweis notwendig sind, daß die Abschrift der Anklage nicht zugestellt oder der Strafbefehl nicht bekanntgemacht werden konnte, weil sich der Täter außerhalb Japans aufhält oder sich verborgen hält, werden durch die Gerichtsordnung bestimmt.

§ 256 Anklageschrift, Anklagepunkte, anzuwendende Gesetzesvorschriften

1. Die Anklage wird durch Vorlage einer Anklageschrift erhoben.

2. Die Anklageschrift muß enthalten:

(1) den Namen des Angeklagten und andere zu seiner genauen Kennzeichnung notwendige Einzelheiten;

(2) die Tatsachen, die die zur Last gelegte Straftat begründen;

(3) die gesetzliche Bezeichnung der Straftat.

3. Die Tatsachen, die die zur Last gelegte Straftat begründen, sind in genau beschriebenen Anklagepunkten anzuführen. Diese Anklagepunkte müssen die Tatsachen, die die strafbare Handlung bilden, möglichst nach Zeit, Ort und Tathergang genau bezeichnen.

4. Die gesetzliche Bezeichnung der Straftat muß durch Angabe der anzuwendenden Gesetzesvorschriften erfolgen. Ein Irrtum in der Angabe der anzuwendenden Gesetzesvorschriften berührt die Wirksamkeit der Anklage nicht, es sei denn, daß daraus ein erheblicher Nachteil für die Verteidigung des Angeklagten entstehen könnte.

5. Verschiedene Anklagepunkte und anzuwendende Gesetzesvorschriften können subsidiär oder alternativ angeführt werden.

6. Urkunden oder andere Gegenstände, die die richterliche Meinungsbildung im voraus beeinflussen könnten, dürfen der Anklageschrift weder beigefügt werden noch dürfen sie darin inhaltlich wiedergegeben werden.

§ 257 Zurücknahme der Anklage

Die Anklage kann bis zum Erlaß des Urteils in erster Instanz zurückgenommen werden.

§ 258 Abgabe der Strafsache an die zuständige Staatsanwaltschaft

Hält der Staatsanwalt das Gericht nicht für zuständig, das der Staatsanwaltschaft entspricht, der er zugehört, so hat er die Strafsache mit Unterlagen und Beweisgegenständen einem Staatsanwalt der dem zuständigen Gericht entsprechenden Staatsanwaltschaft abzugeben.

§ 259 Benachrichtigung des Beschuldigten über Absehen von Anklage

Der Beschuldigte ist auf seinen Antrag hin von der Entscheidung des Staatsanwalts, keine Anklage zu erheben, unverzüglich zu benachrichtigen.

§ 260 Benachrichtigung des Antragstellers usw. über Erhebung oder Nichterhebung der Anklage

Ist in einer Strafsache, in der Strafantrag, Strafanzeige oder ein besonderer Antrag eingebracht worden ist, Anklage erhoben oder nicht erhoben worden, so hat der Staatsanwalt den Antragsteller, Anzeigenden oder denjenigen, der den besonderen Strafantrag gestellt hat, unverzüglich hiervon zu benachrichtigen. Dasselbe gilt für die Zurücknahme der Anklage oder die Abgabe der Strafsache an einen Staatsanwalt einer anderen Staatsanwaltschaft.

§ 261 Mitteilung an den Antragsteller über die Gründe für die Nichterhebung der Anklage

Wird in einer Strafsache, in der Strafantrag, Strafanzeige oder ein besonderer Strafantrag eingebracht worden ist, keine Anklage erhoben, so hat der Staatsanwalt dem Antragsteller, Anzeigenden oder demjenigen, der den besonderen Strafantrag eingebracht hat, auf ihren Antrag hin unverzüglich die Gründe hierfür mitzuteilen.

§ 262 Klageerzwingungsverfahren, Antrag auf gerichtliches Verfahren

1. Ist in einer Strafsache, in der wegen Verletzung der §§ 193—196 des Strafgesetzbuchs[19] oder § 45 des Gesetzes zur Verhinderung zerstörender Tätigkeit[20] (Gesetz Nr. 240 von 1952) Strafantrag oder Strafanzeige eingebracht worden ist, der Antragsteller oder Anzeigende mit der Entscheidung des Staatsanwalts, von der Erhebung der Anklage abzusehen, nicht einverstanden, so kann er bei dem

---

[19] § 193: Wenn ein Beamter unter Mißbrauch seiner Amtsgewalt einen anderen zur Vornahme einer Handlung, zu der er nicht verpflichtet ist, nötigt oder ihn an der Ausübung seiner Rechte hindert, so ist auf Zuchthaus oder Gefängnis bis zu zwei Jahren zu erkennen.

§ 194: Wenn derjenige, der richterliche, staatsanwaltschaftliche oder polizeiliche Befugnisse ausübt oder dabei als Gehilfe tätig ist, unter Mißbrauch seiner Amtsgewalt einen anderen festnimmt oder in Haft hält, so ist auf Zuchthaus oder Gefängnis von sechs Monaten bis zu zehn Jahren zu erkennen.

§ 195: 1. Wenn derjenige, der richterliche, staatsanwaltschaftliche oder polizeiliche Befugnisse ausübt oder dabei als Gehilfe tätig ist, bei Ausübung seines Amtes gegen einen Angeklagten oder eine sonstige Person Gewalt gebraucht oder eine Beschimpfung oder Mißhandlung begeht, so ist auf Zuchthaus oder Gefängnis bis zu sieben Jahren zu erkennen.
2. Das gleiche gilt auch für den Fall, daß derjenige, der die gemäß dem Gesetz oder der Verordnung inhaftierte Person bewacht oder begleitet, gegen diese Person Gewalt gebraucht, sie mißhandelt oder beschimpft.

§ 196: Wer eine der in den §§ 194, 195 erwähnten Straftaten begeht und dadurch den Tod oder die Körperverletzung eines anderen verursacht, wird wegen Körperverletzung bestraft, sofern diese Strafe höher ist.

[20] § 45: Wenn ein Beamter des Staatssicherheitsdienstes unter Mißbrauch seiner Amtsgewalt einen anderen zur Vornahme einer Handlung, zu der er nicht verpflichtet ist, nötigt oder ihn an der Ausübung seiner Rechte hindert, so ist auf Zuchthaus oder Gefängnis bis zu drei Jahren zu erkennen.

Landgericht, das der Staatsanwaltschaft entspricht, der der Staatsanwalt zugehört, besonderen Antrag auf ein gerichtliches Verfahren stellen.

2. Der in Abs. 1 erwähnte besondere Antrag ist schriftlich innerhalb von sieben Tagen nach Empfang der in § 260 erwähnten Mitteilung bei dem Staatsanwalt einzulegen, der die Entscheidung über die Nichterhebung der Anklage getroffen hat.

§ 263 Zurücknahme des besonderen Antrags

1. Der in § 262 Abs. 1 erwähnte besondere Antrag kann bis zum Erlaß eines Beschlusses gemäß § 262 zurückgenommen werden.

2. Nach Rücknahme des besonderen Antrags gemäß Abs. 1 darf derselbe Antragsteller in derselben Sache nicht erneut einen Antrag gemäß § 262 Abs. 1 stellen.

§ 264 Verpflichtung zur Erhebung der Anklage

Hält der Staatsanwalt den Antrag gemäß § 262 Abs. 1 für begründet, so hat er Anklage zu erheben.

§ 265 Verhandlung im Klageerzwingungsverfahren

1. Über den besonderen Antrag gemäß § 262 Abs. 1 verhandelt und entscheidet ein Kollegialgericht.

2. Das Gericht kann, wenn es dies für notwendig erachtet, ein Mitglied des Kollegialgerichts veranlassen, die Tatsachen zu untersuchen, oder einen Richter eines Land- oder Amtsgerichts darum ersuchen. Der beauftragte oder ersuchte Richter hat die gleichen Befugnisse wie das Gericht oder der vorsitzende Richter.

§ 266 Beschluß über Verwerfung des Antrags bzw. Verweisung

Der gemäß § 262 Abs. 1 gestellte besondere Antrag ist vom Gericht durch Beschluß wie folgt zu bescheiden:

(1) Ist der besondere Antrag unter Verletzung der durch Gesetz oder Verordnung vorgeschriebenen Form oder nach Erlöschen des Beschwerderechts oder unbegründet eingelegt worden, so ist er zu verwerfen;

(2) Ist der besondere Antrag begründet, so ist die Strafsache an das zuständige Landgericht zur Verhandlung zu überweisen.

§ 267 Fiktion der Anklageerhebung

Ist ein Beschluß gemäß § 266 Ziff. 2 ergangen, so wird die Anklage als erhoben angesehen.

§ 268 Vertretung der Anklage und Bestellung eines Rechtsanwalts

1. Das Gericht, an das gemäß § 266 Ziff. 2 die Sache zur Verhandlung überwiesen worden ist, hat einen Rechtsanwalt mit der Vertretung der Anklage zu beauftragen.

2. Der gemäß Abs. 1 beauftragte Rechtsanwalt hat die Funktionen eines Staatsanwalts zur Vertretung der Anklage bis zur Rechtskraft der Entscheidung auszuüben. Der Rechtsanwalt muß die Leitung der Ermittlungen durch Hilfsbeamte der Staatsanwaltschaft oder Justizpolizeibeamte einem Staatsanwalt übertragen.

3. Der Rechtsanwalt, der gemäß Abs. 2 die Funktionen eines Staatsanwalts ausübt, wird als ein dem öffentlichen Dienst angehörender Beamter gemäß dem Gesetz angesehen.

4. Hält das Gericht den gemäß Abs. 1 bestellten Rechtsanwalt für ungeeignet, diese Funktionen auszuüben, oder liegen andere besondere Umstände vor, so kann es die Bestellung des Rechtsanwalts jederzeit widerrufen.

5. Der gemäß Abs. 1 bestellte Rechtsanwalt erhält einen durch Regierungsverordnung festgesetzten Zuschuß.

§ 269 Beschluß über die Kostenpflicht des Antragstellers

Verwirft das Gericht einen gemäß § 262 Abs. 1 gestellten besonderen Antrag oder wird dieser zurückgenommen, so kann es dem Antragsteller durch Beschluß die durch den besonderen Antrag verursachten Kosten ganz oder teilweise auferlegen. Gegen den Beschluß kann sofortige Beschwerde eingelegt werden.

§ 270 Recht des Staatsanwalts auf Akteneinsicht und Kopien

Nach Erhebung der Anklage kann der Staatsanwalt die den Prozeß betreffenden Unterlagen und Beweisgegenstände einsehen und Kopien anfertigen.

3. ABSCHNITT

Hauptverhandlung

1. KAPITEL

Vorbereitung und Verfahren der Hauptverhandlung

§ 271 Zustellung einer Abschrift der Anklageschrift, Nichtzustellung und Unwirksamkeit der Anklageerhebung

1. Nach Erhebung der Anklage hat das Gericht dem Angeklagten unverzüglich eine Abschrift der Anklageschrift zuzustellen.

2. Wird dem Angeklagten innerhalb von zwei Monaten nach Erhebung der Anklage eine Abschrift der Anklageschrift nicht zugestellt, so verliert die Anklage rückwirkend ihre Wirksamkeit.

§ 272 Belehrung über das Recht auf Verteidigung usw.

Nach Erhebung der Anklage hat das Gericht den Angeklagten unverzüglich darauf hinzuweisen, daß er einen Verteidiger wählen und das Gericht um Bestellung eines Verteidigers bitten kann, wenn er wegen Mittellosigkeit oder aus anderen Gründen hierzu nicht in der Lage ist. Dies gilt jedoch nicht, wenn der Angeklagte bereits einen Verteidiger hat.

§ 273 Bestimmung des Verhandlungstermins; Ladung, Benachrichtigung

1. Der vorsitzende Richter bestimmt den Termin der Hauptverhandlung.

2. Der Angeklagte ist zu dem Termin der Hauptverhandlung zu laden.

3. Der Termin der Hauptverhandlung ist dem Staatsanwalt, dem Verteidiger und Beistand mitzuteilen.

§ 274 Fiktion der Zustellung der Ladung

Wird dem sich im Bereich des Gerichts befindlichen Angeklagten der Termin der Hauptverhandlung vom Gericht mitgeteilt, so wird die Ladung als ihm zugestellt angesehen.

§ 275 Vorbereitungsfrist

Zwischen dem Termin der Hauptverhandlung und der Zustellung der Ladung an den Angeklagten muß eine von der Gerichtsordnung vorgeschriebene Vorbereitungsfrist liegen.

§ 276 Verlegung des Verhandlungstermins

1. Das Gericht kann den Termin der Hauptverhandlung auf Antrag des Staatsanwalts, des Angeklagten oder seines Verteidigers oder von Amts wegen verlegen.

2. Vor Verlegung des Termins der Hauptverhandlung hat das Gericht den Staatsanwalt und den Angeklagten oder seinen Verteidiger gemäß der Gerichtsordnung zu hören. Dies gilt jedoch nicht im Dringlichkeitsfall.

3. Im Fall des Abs. 2 Satz 2 hat das Gericht dem Staatsanwalt und dem Angeklagten oder seinem Verteidiger Gelegenheit zu geben, zu Beginn der verlegten Hauptverhandlung Einwendungen zu erheben.

§ 277 Abhilfe gegen ungerechtfertigte Terminverlegung

Hat das Gericht den Termin der Hauptverhandlung unter Mißbrauch seiner Befugnisse verlegt, so können die betroffenen Beteiligten gemäß der Gerichtsordnung oder den Anweisungen des Obersten Gerichtshofs Beschwerde im Dienstaufsichtsverfahren einlegen.

§ 278 Nichterscheinen und Vorlage eines ärztlichen Zeugnisses

Kann eine zur Hauptverhandlung geladene Person zu dem Termin aus Krankheits- oder anderen Gründen nicht erscheinen, so hat sie gemäß der Gerichtsordnung dem Gericht ein ärztliches Zeugnis oder einen anderen Nachweis vorzulegen.

§ 279 Erkundigung bei Behörden usw.

Auf Antrag des Staatsanwalts, des Angeklagten oder seines Verteidigers oder von Amts wegen kann das Gericht sich bei Behörden oder öffentlichen oder privaten Organisationen nach notwendigen Einzelheiten erkundigen und Berichte anfordern.

§ 280 Die Haft betreffende Maßnahmen

1. Nach Erhebung der Anklage und vor dem ersten Verhandlungstermin ist der Richter für Anordnungen in bezug auf die Haft zuständig.

2. Ist vor Ablauf der in §§ 204 oder 205 vorgeschriebenen Frist Anklage gegen einen Beschuldigten erhoben worden, der gemäß §§ 199 oder 210 oder als auf frischer Tat Betroffener festgenommen worden ist und gegen den kein Haftbefehl vorliegt, so muß ihm der Richter sofort die ihm zur Last gelegte Tat mitteilen, seine Erklärungen hierzu anhören und, wenn der Richter keinen Haftbefehl erläßt, unverzüglich seine Freilassung anordnen.

3. Der in Abs. 1 und 2 erwähnte Richter hat in bezug auf die Maßnahmen die gleiche Befugnis wie ein Gericht oder ein vorsitzender Richter.

§ 281 Zeugenvernehmung außerhalb der Verhandlung

Das Gericht kann außerhalb des Hauptverhandlungstermins Zeugen vernehmen, wenn es dies nach Beachtung der im § 158 beschriebenen Umstände und nach Anhörung des Staatsanwalts und des Angeklagten oder seines Verteidigers für notwendig erachtet.

§ 281-2 Zwangsentfernung des Angeklagten

Ist der Angeklagte bei der Zeugenvernehmung außerhalb des Verhandlungstermins zugegen gewesen, und gelangt das Gericht zu der Auffassung, daß der Zeuge aus Furcht vor dem Angeklagten keine vollständigen Aussagen machen wird, so kann das Gericht nach Anhörung des Staatsanwalts und des Verteidigers den Angeklagten während der Vernehmung des Zeugen abtreten lassen, sofern sein Verteidiger bei der Vernehmung anwesend ist. Nach Abschluß der Vernehmung muß das Gericht den Angeklagten von dem wesentlichen Inhalt der Aussage unterrichten und ihm Gelegenheit geben, dem Zeugen Fragen zu stellen.

§ 282 Öffentliche Sitzung

1. Die Vernehmung während der Hauptverhandlung hat in öffentlicher Sitzung stattzufinden.

2. Die Sitzung ist in Anwesenheit der Richter, des Urkundsbeamten der Geschäftsstelle und des Staatsanwalts zu eröffnen.

§ 283 Juristische Person als Angeklagter und ihr Vertreter

Ist der Angeklagte eine juristische Person, so kann ein Vertreter für sie erscheinen.

§ 284 Befreiung von der Anwesenheitspflicht bei Bagatellsachen, Anwesenheit des Vertreters

Der Angeklagte hat nicht zur Verhandlung zu erscheinen, wenn die angeklagte Straftat mit Geldstrafe bis zu 5000 Yen[21] oder einer Geldbuße bedroht ist. Es kann jedoch ein Vertreter für ihn erscheinen.

§ 285 Anwesenheitspflicht und Befreiung

1. Ist die angeklagte Straftat mit Strafhaft bedroht, so muß der Angeklagte bei der Verhandlung, in der das Urteil verkündet wird, anwesend sein. In jedem anderen Stadium der Hauptverhandlung kann seine Abwesenheit gestattet werden, wenn das Gericht der Ansicht ist, daß seine Anwesenheit zum Schutz seiner Rechte nicht wesentlich ist.

2. Ist die angeklagte Straftat mit einer Höchststrafe bis zu drei Jahren Zuchthaus oder Gefängnis oder mit einer Geldstrafe über 5000 Yen[22] bedroht, so muß der Angeklagte bei den in § 291 beschriebenen Abschnitten der Hauptverhandlung und bei der Verkündung des Urteils anwesend sein. Hinsichtlich der anderen Abschnitte der Hauptverhandlung gilt Abs. 1 Satz 2 entsprechend.

§ 286 Erscheinungsrecht und -pflicht des Angeklagten

Abgesehen von den Fällen der §§ 283—285 darf die Hauptverhandlung nicht in Abwesenheit des Angeklagten durchgeführt werden.

§ 286-2 Weigerung zu erscheinen und Hauptverhandlung

Hat der geladene, verhaftete Angeklagte sich ohne rechtfertigende Begründung geweigert, zur Hauptverhandlung, die nicht in seiner Abwesenheit durchgeführt werden darf, zu erscheinen und es dem Gefängnisbeamten besonders erschwert, ihn zu Gericht zu bringen, so kann das Gericht die Hauptverhandlung in Abwesenheit des Angeklagten durchführen.

§ 287 Körperliche Freiheit

1. Während der öffentlichen Verhandlung darf der Angeklagte keiner physischen Beschränkung unterworfen werden, es sei denn, er wendet Gewalt an oder versucht zu entfliehen.

2. Obwohl der Angeklagte keiner physischen Beschränkung unterworfen wird, kann er von einem Aufseher bewacht werden.

---

[21] Nach dem „Gesetz über die vorläufige Berechnung der Geldstrafe usw." von 1948 wird dieser Betrag in 50 000 Yen umgerechnet.

[22] Siehe Anmerkung 21.

§ 288 Anwesenheitspflicht des Angeklagten, Ordnungsgewalt

1. Der Angeklagte darf sich aus der Sitzung nur mit Erlaubnis des vorsitzenden Richters entfernen.

2. Der vorsitzende Richter kann geeignete Maßnahmen ergreifen, um die Entfernung des Angeklagten zu verhindern und die Ordnung im Gerichtssaal aufrechtzuerhalten.

§ 289 Notwendige Verteidigung

1. Ist die zur Last gelegte Tat mit der Todesstrafe oder lebenslänglichem Zuchthaus oder Gefängnis oder einer Höchststrafe von mehr als drei Jahren Zuchthaus oder Gefängnis bedroht, so darf die Hauptverhandlung nicht ohne einen Verteidiger durchgeführt werden.

2. Erscheint bei einer Hauptverhandlung, die nicht ohne Anwesenheit eines Verteidigers stattfinden darf, der Verteidiger nicht oder hat der Angeklagte noch keinen Verteidiger, so hat der vorsitzende Richter von Amts wegen einen Verteidiger für den Angeklagten zu bestellen.

§ 290 Ermessen des Gerichts, einen Pflichtverteidiger zu bestellen

Erscheint der Verteidiger in einem der Fälle des § 37 nicht, so kann das Gericht von Amts wegen einen Verteidiger bestellen.

§ 291 Eröffnungsvortrag

1. Der Staatsanwalt muß zunächst die Anklageschrift verlesen.

2. Nach Verlesung der Anklageschrift hat der vorsitzende Richter den Angeklagten auf sein Recht, während der Verhandlung zu schweigen und die Beantwortung von Einzelfragen zu verweigern sowie auf weitere zum Schutz des Rechts des Angeklagten notwendige Einzelheiten, die in der Gerichtsordnung vorgeschrieben sind, hinzuweisen und dem Angeklagten und seinem Verteidiger Gelegenheit zu geben, Ausführungen zur Sache zu machen.

§ 291-2 Beschluß über summarisches Verfahren

Hat der Angeklagte in dem in § 291 Abs. 2 bezeichneten Abschnitt der Verhandlung sich in einem oder mehreren Punkten der Anklageschrift schuldig bekannt, so kann das Gericht nach Anhören des Staatsanwalts, des Angeklagten und seines Verteidigers beschließen, daß die Verhandlung hinsichtlich der Punkte, deren sich der Angeklagte schuldig bekannt hat, im summarischen Verfahren geführt wird. Dies gilt jedoch nicht, wenn die Tat mit der Todesstrafe oder mit lebenslänglichem Zuchthaus oder Gefängnis oder mit einer Mindeststrafe von mehr als einem Jahr bedroht ist.

§ 291-3 Aufhebung des Beschlusses

Das Gericht hat den in § 291-2 erwähnten Beschluß wieder aufzuheben, wenn es sich um eine Strafsache handelt, für die das summarische Verfahren nicht zulässig oder unzweckmäßig ist.

§ 292 Beweisaufnahme

Nach Beendigung des in § 291 vorgeschriebenen Verhandlungsabschnitts beginnt die Beweisaufnahme.

§ 293 Plädoyers

1. Nach Beendigung der Beweisaufnahme nimmt der Staatsanwalt zu Tatsachen und zu Rechtsfragen Stellung.

2. Der Angeklagte und sein Verteidiger können gleichfalls Stellung nehmen.

§ 294 Verhandlungsleitung

Die Leitung der Verhandlung erfolgt durch den vorsitzenden Richter.

§ 295 Beschränkung der Plädoyers usw.

Der vorsitzende Richter kann jede Frage oder Erklärung der Prozeßbeteiligten zurückweisen, wenn sie unnötigerweise wiederholt wird, mit der Sache in keiner Beziehung steht oder ungeeignet ist, soweit hierdurch nicht die wesentlichen Rechte dieser Personen verletzt werden. Dasselbe gilt, wenn der Angeklagte von Prozeßbeteiligten gefragt wird.

§ 296 Eröffnungsvortrag des Staatsanwalts

Zu Beginn der Beweisaufnahme hat der Staatsanwalt das Beweisthema darzulegen. Er soll jedoch keine Ausführungen machen, die auf unzulässigem oder nicht als Beweis vorgesehenem Material beruhen und geeignet sein können, die Bildung eines einseitigen Vorurteils des Gerichts zu verursachen oder die Meinungsbildung im voraus zu beeinflussen.

§ 297 Vorherige Bestimmung des Umfangs, der Reihenfolge und Form der Beweisaufnahme sowie deren Abänderung

1. Nach Anhörung des Staatsanwalts, des Angeklagten oder eines Verteidigers kann das Gericht Umfang, Reihenfolge und Form der Beweisaufnahme bestimmen.

2. Das in Abs. 1 beschriebene Verfahren kann von einem der Mitglieder des Kollegialgerichts durchgeführt werden.

3. Nach Anhörung der Ausführungen des Staatsanwalts, des Angeklagten oder seines Verteidigers kann das Gericht jederzeit, wenn es ihm zweckmäßig erscheint, Umfang, Reihenfolge und Form der gemäß Abs. 1 bestimmten Beweisaufnahme ändern.

§ 298 Beweisanträge, Beweiserhebung von Amts wegen

1. Der Staatsanwalt, der Angeklagte oder sein Verteidiger können Beweisanträge stellen.

2. Das Gericht kann, wenn es ihm notwendig erscheint, von Amts wegen Beweise erheben.

§ 299 Recht der Parteien

1. Bevor der Staatsanwalt, der Angeklagte oder sein Verteidiger die Vernehmung eines Zeugen, eines Sachverständigen, eines Dolmetschers oder eines Übersetzers beantragt, muß er der Gegenpartei Gelegenheit zur Kenntnisnahme des Namens und des Wohnorts dieser Person geben. Soll ein Urkunden- oder Gegenstandsbeweis vorgelegt werden, so muß der Gegenpartei vorher Gelegenheit zur Einsicht gegeben werden. Dies gilt jedoch nicht, wenn die Gegenpartei keine Einwendungen erhebt.

2. Vor Erlaß eines Beschlusses über eine Beweiserhebung von Amts wegen muß das Gericht den Staatsanwalt und den Angeklagten oder seinen Verteidiger hören.

§ 300 Pflicht zur Stellung eines Beweisantrags

Der Staatsanwalt muß die Beweiserhebung beantragen, wenn als Beweismittel Schriftstücke gemäß § 321 Abs. 1 Ziff. 2 letzter Teil dienen.

§ 301 Geständnis und Einschränkung von Beweisanträgen

Stellt die Aussage des Angeklagten, die als Beweis gemäß §§ 322 und 324 Abs. 1 benutzt werden darf, ein Geständnis der Tat dar, so ist die Beweiserhebung hierüber erst zu beantragen, nachdem die anderen Beweise für die Tat erhoben worden sind.

§ 302 Beweisantrag über einen Teil des Ermittlungsprotokolls

Gehört das Schriftstück, das gemäß §§ 321—323 oder 326 als Beweismittel dienen darf, zum Ermittlungsprotokoll, so muß der Staatsanwalt dessen Beweiserhebung beantragen und dieses Schriftstück möglichst von anderen absondern.

§ 303 Ergebnis der Vorbereitung der Hauptverhandlung und Notwendigkeit der Beweisaufnahme

Das Gericht muß in der Hauptverhandlung alle Schriftstücke, die das Ergebnis einer zur Vorbereitung der Hauptverhandlung durchgeführten Vernehmung von Zeugen und anderen Personen, eines Augenscheins, einer Beschlagnahme und Durchsuchung enthalten, sowie die beschlagnahmten Gegenstände als Urkunden- oder Gegenstandsbeweis verlesen und untersuchen.

§ 304 Form der Beweisaufnahme durch Vernehmung von Personen

1. Zeugen, Sachverständige, Dolmetscher oder Übersetzer sind zuerst vom vorsitzenden Richter oder einem beisitzenden Richter zu vernehmen.

2. Nach Beendigung der in Abs. 1 beschriebenen Vernehmung können der Staatsanwalt, der Angeklagte oder sein Verteidiger nach Verständigung des vorsitzenden Richters den Zeugen, den Sachver-

ständigen, Dolmetscher oder Übersetzer vernehmen. Wird die Vernehmung eines Zeugen, Sachverständigen, Dolmetschers oder Übersetzers beantragt, so wird die zu vernehmende Person zuerst von dem die Vernehmung beantragenden Staatsanwalt oder Angeklagten oder dessen Verteidiger vernommen.

3. Nach Anhörung des Staatsanwalts und des Angeklagten oder seines Verteidigers kann das Gericht, wenn es dies für zweckmäßig hält, die Reihenfolge der in Abs. 1 und 2 beschriebenen Vernehmung ändern.

§ 304-2 Zwangsentfernung des Angeklagten

Ist der Angeklagte bei der Zeugenvernehmung zugegen, und gelangt das Gericht zu der Auffassung, daß der Zeuge aus Furcht vor dem Angeklagten keine vollständigen Aussagen machen wird, so kann das Gericht nach Anhörung des Staatsanwalts und des Verteidigers den Angeklagten während der Vernehmung des Zeugen abtreten lassen, sofern sein Verteidiger bei der Vernehmung anwesend ist. Nach Abschluß der Vernehmung muß das Gericht den Angeklagten zur Verhandlung laden, ihn von dem wesentlichen Inhalt der Aussage unterrichten und ihm Gelegenheit geben, dem Zeugen Fragen zu stellen.

§ 305 Form der Beweisaufnahme durch Urkundenbeweis

1. Erstreckt sich die Beweisaufnahme auf schriftliche Beweismittel, so hat der vorsitzende Richter den diese Beweismittel beantragenden Staatsanwalt, Angeklagten oder seinen Verteidiger zu deren Verlesung zu veranlassen. Der vorsitzende Richter kann sie jedoch selbst verlesen oder einen beisitzenden Richter oder den Urkundsbeamten der Geschäftsstelle damit beauftragen.

2. Findet die Erhebung schriftlicher Beweismittel von Amts wegen statt, so hat der vorsitzende Richter die Schriftstücke selbst zu verlesen oder einen beisitzenden Richter oder den Urkundsbeamten der Geschäftsstelle damit zu beauftragen.

§ 306 Form der Beweisaufnahme durch Beweisgegenstände

1. Erstreckt sich die Beweisaufnahme auf Gegenstände, so hat der vorsitzende Richter den diese Beweiserhebung beantragenden Staatsanwalt, Angeklagten oder seinen Verteidiger zu deren Vorlage zu veranlassen. Der vorsitzende Richter kann sie jedoch selbst vorzeigen oder einen beisitzenden Richter oder den Urkundsbeamten der Geschäftsstelle damit beauftragen.

2. Findet die Erhebung des Gegenstandsbeweises von Amts wegen statt, so hat der vorsitzende Richter die Gegenstände den Prozeßbeteiligten selbst zu zeigen oder einen beisitzenden Richter oder den Urkundsbeamten der Geschäftsstelle damit zu beauftragen.

§ 307

Sind die Beweisgegenstände Schriftstücke, deren Inhalt als Beweis gilt, so ist auf die Beweiserhebung § 305 zusätzlich zu § 306 anzuwenden.

§ 307-2 Summarisches Verfahren

Die Vorschriften der §§ 296, 297, 300—302 und 304—307 finden keine Anwendung, wenn ein Beschluß gemäß § 291-2 ergangen ist; die Beweisaufnahme kann dann so durchgeführt werden, wie es in der Verhandlung geeignet erscheint.

§ 308 Das Recht auf Bestreiten des Beweiswertes

Das Gericht muß dem Staatsanwalt und dem Angeklagten oder seinem Verteidiger die von ihnen benötigte ausreichende Gelegenheit geben, um den Beweiswert der Beweismittel zu bestreiten.

§ 309 Einspruch gegen die Beweisaufnahme oder gegen Maßnahmen des vorsitzenden Richters

1. Der Staatsanwalt, der Angeklagte oder sein Verteidiger können gegen die Beweisaufnahme Einspruch erheben.

2. Der Staatsanwalt, der Angeklagte oder sein Verteidiger können außer dem in Abs. 1 beschriebenen Einspruch auch gegen jede Maßnahme des vorsitzenden Richters Einspruch erheben.

3. Über die gemäß Abs. 1 und 2 erhobenen Einsprüche muß das Gericht durch Beschluß entscheiden.

§ 310 Vorlage von Beweismitteln nach Abschluß der Beweisaufnahme

Schriftliche oder gegenständliche Beweismittel sind nach Beendigung der Beweiserhebung unverzüglich dem Gericht vorzulegen. Mit Zustimmung des Gerichts kann statt der Urschrift eine Abschrift des Schriftstücks vorgelegt werden.

§ 311 Schweige- und Aussageverweigerungsrecht des Angeklagten, freiwillige Aussage

1. Der Angeklagte kann während der Verhandlung schweigen oder die Beantwortung von Einzelfragen verweigern.

2. Macht der Angeklagte seine Aussagen freiwillig, so kann ihn der vorsitzende Richter jederzeit über erforderliche Einzelheiten befragen.

3. Ein beisitzender Richter, der Staatsanwalt, der Verteidiger, der Mitangeklagte oder sein Verteidiger können nach Verständigung des Vorsitzenden dem Angeklagten die in Abs. 2 erwähnten Fragen stellen.

§ 312 Klageänderung

1. Das Gericht hat dem Staatsanwalt auf Antrag zu gestatten, einzelne Anklagepunkte oder die anzuwendenden Gesetzesvorschriften in der Anklageschrift zu ergänzen, zurückzunehmen oder zu ändern, soweit dadurch die Identität der Tatsachen nicht betroffen wird, die die zur Last gelegte Straftat begründen.

2. Das Gericht kann, wenn es dies für den Fortgang des Verfahrens für zweckmäßig hält, die Erweiterung oder Änderung einzelner Anklagepunkte oder der anzuwendenden Gesetzesvorschriften anordnen.

3. Im Fall der Erweiterung, Zurücknahme oder Veränderung einzelner Anklagepunkte oder der anzuwendenden Gesetzesvorschriften muß das Gericht den Angeklagten hierüber unverzüglich unterrichten.

4. Glaubt das Gericht, befürchten zu müssen, daß die Erweiterung oder Abänderung einzelner Anklagepunkte oder der anzuwendenden Gesetzesvorschriften einen wesentlichen Nachteil für die Verteidigung des Angeklagten darstellen könnte, so muß es auf Antrag des Angeklagten oder seines Verteidigers durch Beschluß die Hauptverhandlung für die Dauer aussetzen, die der Angeklagte für die Vorbereitung seiner ausreichenden Verteidigung benötigt.

§ 313 Trennung, Verbindung, Wiedereröffnung der Verhandlung

1. Wenn es das Gericht für zweckmäßig hält, kann es auf Antrag des Staatsanwalts, des Angeklagten oder seines Verteidigers oder von Amts wegen durch Beschluß das mündliche Verfahren abtrennen oder verbinden oder ein bereits abgeschlossenes mündliches Verfahren wieder eröffnen.

2. Wenn es zum Schutz der Rechte des Angeklagten notwendig ist, muß das Gericht gemäß der Gerichtsordnung durch Beschluß die mündliche Verhandlung abtrennen.

§ 314 Aussetzung der Hauptverhandlung

1. Ist der Angeklagte verhandlungsunfähig, so ist die Hauptverhandlung nach Anhörung des Staatsanwalts und des Verteidigers durch Beschluß für die Dauer der Verhandlungsunfähigkeit auszusetzen. Liegen jedoch einleuchtende Gründe für einen Freispruch, die Einstellung des Verfahrens, Absehen von Strafe oder Klageabweisung vor, so kann eine derartige Entscheidung sofort erlassen werden, ohne daß das Erscheinen des Angeklagten abgewartet wird.

2. Kann der Angeklagte wegen Krankheit nicht erscheinen, so wird die Hauptverhandlung nach Anhörung des Staatsanwalts und des Verteidigers durch Beschluß solange ausgesetzt, bis es dem Angeklagten möglich ist, zu erscheinen. Dies gilt jedoch nicht, wenn ein Verteidiger gemäß §§ 284 und 285 erschienen ist.

3. Kann ein Zeuge, der für den Beweis von Tatsachen unentbehrlich ist, wegen Krankheit zum Verhandlungstermin nicht erscheinen, so muß das Gericht die Verhandlung so lange aussetzen, bis es dem Zeugen möglich ist zu erscheinen, es sei denn, das Gericht hält es für zweckmäßig, ihn außerhalb des Hauptverhandlungstermins zu vernehmen.

4. Bevor das Gericht die Verhandlung gemäß Abs. 1—3 aussetzt, muß es einen Arzt hören.

§ 315 Erneute Hauptverhandlung

Die Hauptverhandlung muß erneuert werden, wenn nach ihrem Beginn ein Richter ausgewechselt wird. Dies gilt jedoch nicht, wenn nur noch das Urteil zu verkünden ist.

§ 315-2 Aufhebung des Beschlusses über summarisches Verfahren und erneute Hauptverhandlung

Wird ein gemäß § 291-2 ergangener Beschluß aufgehoben, so ist die Hauptverhandlung zu erneuern. Dies gilt jedoch nicht, wenn von seiten des Staatsanwalts und des Angeklagten oder des Verteidigers kein Einspruch erhoben wird.

§ 316 Wirksamkeit des Einzelrichterverfahrens, obwohl das Verfahren vor ein Kollegialgericht gehört

Das von einem Einzelrichter eines Landgerichts geleitete Verfahren wird nicht unwirksam, selbst wenn sich ergibt, daß die betreffende Strafsache durch ein Kollegialgericht verhandelt werden mußte.

2. KAPITEL

Beweis

§ 317 Grundsatz der Begründung des Urteils durch Beweis

Die Feststellung von Tatsachen erfolgt durch Beweis.

§ 318 Grundsatz der freien Beweiswürdigung

Über den Wert der Beweise entscheiden die Richter in freier Beweiswürdigung.

§ 319 Zulässigkeit und Beweiskraft von Geständnissen

1. Geständnisse, die unter Zwang, Folterung oder Drohung oder nach übermäßig langer Festhaltung oder Haft zustande gekommen sind oder die vermutlich nicht freiwillig abgegeben worden sind, sind als Beweis unzulässig.

2. Der Angeklagte darf nicht allein auf Grund seines Geständnisses verurteilt werden, gleichgültig, ob dieses in öffentlicher Verhandlung abgegeben worden ist oder nicht.

3. Geständnis im Sinne der Abs. 1 und 2 umfaßt auch das Bekenntnis des Angeklagten, durch das er sich der zur Last gelegten Tat für schuldig erklärt.

§ 320 Beweis vom Hörensagen und Beschränkung der Zulässigkeit dieses Beweises

1. Abgesehen von den Fällen der §§ 321—328 darf kein Schriftstück als Beweis für eine mündlich in der Hauptverhandlung gemachte Aussage dienen, noch dürfen mündliche Wiedergaben der Aussagen, die andere Personen außerhalb dieses Verhandlungstermins gemacht haben, als Beweis benutzt werden.

2. Abs. 1 findet keine Anwendung auf Beweise in einer Strafsache, in der ein Beschluß gemäß § 291-2 ergangen ist, es sei denn, der Staatsanwalt, der Angeklagte oder der Verteidiger haben gegen die Zulässigkeit des Beweises Einspruch erhoben.

§ 321 Protokoll über Aussagen Dritter, Zulässigkeit des Protokolls als Beweis

1. Schriftliche Aussagen einer anderen Person als des Angeklagten oder ein Schriftstück, das ihre Aussagen enthält und von ihr unterschrieben oder gesiegelt ist, können als Beweismittel nur in den folgenden Fällen verwertet werden:

(1) wenn es sich um ein Protokoll handelt, das die vor einem Richter gemachten Aussagen einer Person enthält, die weder bei einem Termin zur Vorbereitung der Hauptverhandlung noch im Hauptverhandlungstermin Aussagen machen kann, weil sie verstorben, geistig oder physisch krank, unbekannten Aufenthalts ist oder sich außerhalb Japans befindet, oder deren Aussagen bei dem oben genannten Termin von früheren Aussagen abweichen;

(2) wenn es sich um ein Protokoll handelt, das die vor einem Staatsanwalt gemachten Aussagen einer Person enthält, die weder im Termin für die Vorbereitung der Hauptverhandlung noch im Hauptverhandlungstermin Aussagen machen kann, weil sie verstorben, geistig oder physisch krank, unbekannten Aufenthalts ist, oder sich außerhalb Japans befindet, oder deren Aussagen bei dem oben genannten Termin ihren früheren Aussagen widersprechen oder von diesen sachlich abweichen; dies gilt jedoch nur, wenn bestimmte Umstände dafür vorliegen, daß die früheren Aussagen glaubhafter sind als die im Laufe der Vernehmung im oben genannten Termin gemachten;

(3) wenn es sich um andere schriftliche Aussagen als die der Ziff. 1 und 2 handelt und die Person, die die Aussagen gemacht hat, weder im Termin für die Vorbereitung der Hauptverhandlung noch im Hauptverhandlungstermin Aussagen machen kann, weil sie verstorben, geistig oder physisch krank, unbekannten Aufenthalts ist oder sich außerhalb Japans befindet und ihre früheren Aussagen zum Beweis der strafbaren Handlung unentbehrlich sind. Dies gilt jedoch nur, wenn die Aussagen unter Umständen zustande gekommen sind, die ihnen eine besondere Glaubhaftigkeit verleihen.

2. Ein Protokoll, das die Aussagen einer anderen Person als des Angeklagten beim Termin zur Vorbereitung der Hauptverhandlung oder im Hauptverhandlungstermin enthält, oder ein schriftliches Protokoll, das das Ergebnis eines gerichtlichen oder richterlichen Augenscheins enthält, kann entgegen Abs. 1 als Beweismittel benutzt werden.

3. Ein Protokoll, das das Ergebnis eines vom Staatsanwalt, dem Hilfsbeamten der Staatsanwaltschaft oder einem Justizpolizeibeamten durchgeführten Augenscheins enthält, kann entgegen Abs. 1 als Beweismittel gebraucht werden, wenn der Protokollführer bei seiner Vernehmung als Zeuge in der Hauptverhandlung die Richtigkeit des Schriftstücks feststellt.

4. Abs. 3 findet entsprechende Anwendung auf die Unterlagen eines Sachverständigen, die Verlauf und Ergebnis der Begutachtung enthalten.

§ 322 Protokoll über Aussagen des Angeklagten, Zulässigkeit des Protokolls als Beweis

1. Vom Angeklagten herrührende schriftliche Aussagen oder ein Schriftstück, das seine Aussagen enthält und von ihm unterschrieben oder gesiegelt ist, kann als Beweismittel verwendet werden, wenn die Aussagen das Eingeständnis einer seinen Interessen entgegenstehenden Tatsache enthalten oder wenn die Aussagen unter Umständen zustande gekommen sind, die ihnen eine besondere Glaubhaftigkeit verleihen. Enthält die schriftliche Aussage oder das Schriftstück ein den Interessen des Angeklagten entgegenstehendes Zugeständnis der Tatsachen und besteht der Verdacht, daß sie nicht freiwillig zugegeben worden sind, so darf es jedoch ebensowenig als Beweis verwertet werden wie in den im § 319 beschriebenen Fällen, auch wenn das Zugeständnis nicht das Geständnis einer strafbaren Handlung ist.

2. Ein Protokoll über die vom Angeklagten bei einem Termin zur Vorbereitung der Hauptverhandlung oder im Hauptverhandlungstermin gemachten Aussagen kann als Beweismittel insoweit verwertet werden, als die Aussagen freiwillig gemacht zu sein scheinen.

§ 323 Zulässigkeit anderer Schriftstücke als Beweis

Andere als die in §§ 321 und 322 angeführten Schriftstücke können als Beweis nur verwertet werden, wenn es sich um:

(1) Abschriften aus dem Familienregister, Abschriften von notariellen Urkunden oder anderen öffentlichen Urkunden handelt, in denen Tatsachen beglaubigt werden, zu deren Beglaubigung ein Beamter (einschließlich einem ausländischen Beamten) befugt ist;

(2) Handelsbücher, Logbücher und andere im ordentlichen Geschäftsgang hergestellte Unterlagen handelt;

(3) andere als die in den Ziff. 1 und 2 angeführten Schriftstücke handelt, die unter besonders glaubwürdigen Umständen zustande gekommen sind.

§ 324 Aussagen vom Hörensagen

1. Auf die in einem Termin zur Vorbereitung der Hauptverhandlung oder im Hauptverhandlungstermin von einer anderen Person als dem Angeklagten gemachten mündlichen Aussagen, die Aussagen des Angeklagten enthalten, findet § 322 entsprechende Anwendung.

2. Auf die von einer anderen Person als dem Angeklagten bei dem oben beschriebenen Termin gemachten mündlichen Aussagen, die Aussagen einer anderen Person als dem Angeklagten enthalten, findet § 321 Abs. 1 Ziff. 3 entsprechende Anwendung.

§ 325 Prüfung der Freiwilligkeit der Aussage

Selbst wenn Schriftstücke oder Aussagen als Beweis gemäß §§ 321—324 zulässig sind, dürfen sie vom Gericht nur verwertet werden, wenn es nachgeprüft hat, ob die in dem Schriftstück enthaltenen Aussagen oder die Aussagen Dritter, die in den Aussagen einer weiteren Person enthalten sind, die diese in einem Termin zur Vorbereitung der Hauptverhandlung oder im Hauptverhandlungstermin gemacht hat, freiwillig zustande gekommen sind.

§ 326 Zustimmung der Parteien und Zulässigkeit von Schriftstücken und Aussagen als Beweis

Entgegen den Vorschriften der §§ 321—325 können Schriftstücke oder Aussagen als Beweis nur verwertet werden, wenn der Staatsanwalt und der Angeklagte zustimmen und das Gericht nach Berücksichtigung der Umstände, unter denen die Schriftstücke oder die Aussagen zustande gekommen sind, es für angemessen hält.

2. Darf die Beweisaufnahme auch in Abwesenheit des Angeklagten durchgeführt werden und ist der Angeklagte nicht anwesend, so gilt die in Abs. 1 erwähnte Zustimmung als abgegeben. Dies gilt jedoch nicht, wenn sein Vertreter oder Verteidiger für ihn erscheint.

§ 327 Zulässigkeit von Schriftstücken als Beweis auf Grund gegenseitiger Vereinbarung

Das Gericht kann auf Grund einer Vereinbarung zwischen dem Staatsanwalt und dem Angeklagten oder seinem Verteidiger ein Schriftstück als Beweis verwerten, in dem der Inhalt einer Urkunde oder einer Zeugenaussage, die bei Erscheinen des Zeugen vor Gericht gemacht worden wäre, enthalten ist, ohne daß die Originalurkunde nachgeprüft oder der Zeuge gehört worden ist. Der Beweiswert des Schriftstücks kann jedoch jederzeit angezweifelt werden.

§ 328 Beweis für das Bestreiten des Beweiswerts

Schriftliche oder mündliche Aussagen, die gemäß §§ 321—324 als Beweis nicht verwertet werden dürfen, können dazu benutzt werden, den Beweiswert der in einem Termin zur Vorbereitung der Hauptverhandlung oder im Hauptverhandlungstermin vom Angeklagten, einem Zeugen oder anderen Personen gemachten Aussagen zu bestreiten.

3. KAPITEL

Entscheidung in der Hauptverhandlung

§ 329 Urteil über die Unzuständigkeit

Ist eine Strafsache bei einem unzuständigen Gericht anhängig, so ist die Unzuständigkeit durch Urteil auszusprechen. Ist die Strafsache jedoch gemäß § 266 Ziff. 2 zur Verhandlung an ein Landgericht verwiesen worden, so darf das Gericht kein Unzuständigkeitsurteil erlassen.

§ 330 Ausnahme von der Entscheidung über die Unzulässigkeit

Gehört die Strafsache, die wegen der Sonderzuständigkeit bei einem Oberlandesgericht anhängig gemacht worden ist, vor ein unteres Gericht, so ist sie ungeachtet des § 329 durch Beschluß an das zuständige Gericht zu verweisen.

§ 331

1. Außer auf Antrag des Angeklagten darf das Gericht sich nicht für örtlich unzuständig erklären.

2. Die Einrede der Unzuständigkeit darf nach Beginn der Beweisaufnahme nicht mehr erhoben werden.

§ 332 Verweisungsbeschluß

Hält das Amtsgericht es für zweckmäßig, daß eine Strafsache vor dem Landgericht verhandelt werden soll, so hat es die Strafsache durch Beschluß an das zuständige Landgericht zu verweisen.

§ 333 Verurteilung, Strafaussetzung

1. Ist in einer Strafsache die strafbare Handlung nachgewiesen, so ist die Strafe außer im Fall des § 334 durch Urteil auszusprechen.

2. Strafaussetzung ist zusammen mit der Strafe durch Urteil auszusprechen. Dasselbe gilt, wenn der Angeklagte gemäß § 25-2 Abs. 1 des Strafgesetzbuchs[23] unter Bewährungsaufsicht gestellt wird.

§ 334 Urteil über Absehen von Strafe

Ist in einer Strafsache von Strafe abzusehen, so ist ein entsprechendes Urteil auszusprechen.

§ 335 Begründung der Verurteilung

1. Wird der Angeklagte für schuldig befunden, so müssen die die Straftat bildenden Tatsachen, die Bezeichnung der Beweise und die angewendeten Gesetze angeführt werden.

---

[23] § 25-2: 1. In den Fällen des § 25 Abs. 1 kann für die Dauer der Strafaussetzung Bewährungsaufsicht verfügt werden. In den Fällen des § 25 Abs. 2 ist für die Dauer der Strafaussetzung Bewährungsaufsicht zu verfügen.

2. Sind rechtliche Gründe behauptet worden, die der Strafbarkeit entgegenstehen, oder Tatsachen, auf Grund deren die Strafe erhöht, herabgesetzt oder von Strafe abgesehen werden soll, so ist hierüber ebenfalls zu entscheiden.

§ 336 Freisprechendes Urteil

Bildet die zur Last gelegte Handlung keine Straftat oder ist die strafbare Handlung nicht zu beweisen, so ist ein freisprechendes Urteil zu erlassen.

§ 337 Einstellendes Urteil

In folgenden Fällen ist das Verfahren durch Urteil einzustellen:

(1) wenn bereits ein rechtskräftiges Urteil erlassen worden ist;

(2) wenn durch Gesetz oder Verordnung, die nach Begehung der Straftat erlassen worden sind, die Strafe abgeschafft worden ist;

(3) wenn eine Amnestie verkündet worden ist;

(4) wenn Verjährung eingetreten ist.

§ 338 Abweisendes Urteil

In den folgenden Fällen ist die Anklage durch Urteil abzuweisen:

(1) wenn der Angeklagte nicht der japanischen Gerichtsbarkeit unterliegt;

(2) wenn die Anklage unter Verletzung des § 340 erhoben worden ist;

(3) wenn in einer bereits anhängigen Strafsache bei demselben Gericht nochmals Anklage erhoben wird;

(4) wenn die Erhebung der Anklage wegen Verstoßes gegen die diesbezüglichen Verfahrensvorschriften unwirksam ist.

§ 339 Abweisender Beschluß

1. In den folgenden Fällen ist die Anklage durch Beschluß abzuweisen:

(1) wenn die Anklageerhebung infolge § 271 Abs. 2 unwirksam geworden ist;

(2) wenn die in der Anklageschrift enthaltenen Tatsachen, selbst wenn sie bewiesen wären, keine Straftat bilden;

(3) wenn die Anklage zurückgenommen worden ist;

(4) wenn der Angeklagte gestorben ist oder als juristische Person aufgehört hat zu bestehen;

(5) wenn der Verhandlung die §§ 10 oder 11 entgegenstehen.

2. Gegen den Beschluß gemäß Abs. 1 ist sofortige Beschwerde zulässig.

§ 340 Anklageabweisung auf Grund der Anklagerücknahme und Voraussetzung erneuter Anklageerhebung

Wird ein Beschluß rechtskräftig, durch den die Anklage auf Grund ihrer Zurücknahme abgewiesen wird, so kann wegen derselben Straftat erneut Anklage nur erhoben werden, wenn nach Zurücknahme der Anklage wichtiges Material zum Beweis der zur Last gelegten Tat bekannt wird.

§ 341 Urteil ohne Anhörung des Angeklagten

Hat der Angeklagte die Aussage verweigert, sich ohne Erlaubnis aus der Verhandlung entfernt oder ist er zur Aufrechterhaltung der Ordnung vom vorsitzenden Richter aus der Sitzung entfernt worden, so kann das Urteil ohne seine Anhörung erlassen werden.

§ 342 Urteilsverkündung

Das Urteil ergeht durch Verkündung in öffentlicher Verhandlung.

§ 343 Ausspruch einer Freiheitsstrafe und Beendigung der Freilassung gegen Sicherheitsleistung

Mit der Verhängung einer Gefängnisstrafe oder einer schwereren Bestrafung verliert eine Freilassung gegen Sicherheitsleistung oder eine Aussetzung des Haftvollzuges ihre Wirksamkeit. Wird ein neuer Beschluß über die Freilassung gegen Sicherheitsleistung oder die Aussetzung des Haftvollzuges nicht erlassen, so ist § 98 entsprechend anzuwenden.

§ 344 Nach Ausspruch einer Freiheitsstrafe entfällt die notwendige Freilassung gegen Sicherheitsleistung

Nach Verhängung einer Gefängnisstrafe oder einer schwereren Strafe finden die Vorschriften der §§ 60 Abs. 2 Satz 2 und 89 keine Anwendung.

§ 345 Freispruch und Aufhebung des Haftbefehls

Lautet das Urteil auf Freispruch, Einstellung, Absehen von Strafe, Strafaussetzung, Abweisung der Anklage (außer, wenn die Anklageabweisung gemäß § 338 Ziff. 4 erfolgt) oder auf Geldstrafe oder Buße, so wird der Haftbefehl unwirksam.

§ 346 Keine Entscheidung über beschlagnahmte Gegenstände

Ergibt sich aus dem Urteil nicht die Einziehung der beschlagnahmten Gegenstände, so gelten die Gegenstände als freigegeben.

§ 347 Rückgabe beschlagnahmter Gegenstände

1. Besteht kein Zweifel, daß beschlagnahmte, rechtswidrig erlangte Gegenstände dem Verletzten zurückerstattet werden müssen, so ist die Rückgabe dieser Gegenstände an den Verletzten auszusprechen.

2. Dasselbe gilt, wenn der Verletzte die Herausgabe von Gegenständen verlangt, die als Gegenleistung für rechtswidrig erlangte Waren erworben worden sind.

3. Sofern sich aus dem Urteil nichts Gegenteiliges hinsichtlich vorläufig zurückerstatteter Waren ergibt, gilt die Rückerstattung als verkündet.

4. Ungeachtet der Abs. 1—3 kann jeder Beteiligte seine Rechte im Zivilverfahren geltend machen.

§ 348 Urteil über vorläufige Zahlung

1. Wird der Angeklagte zu einer Geldstrafe, Geldbuße oder Ersatzeinziehung verurteilt, so kann das Gericht auf Antrag des Staatsanwalts oder von Amts wegen die vorläufige Zahlung des Geldbetrages anordnen, wenn zu befürchten ist, daß die bis zur Rechtskraft des Urteils ausgesetzte Vollstreckung unmöglich oder sehr erschwert wird.

2. Die Entscheidung über die vorläufige Zahlung ist gleichzeitig mit der Verkündung der Strafe durch Urteil auszusprechen.

3. Die Anordnung der vorläufigen Zahlung kann sofort vollstreckt werden.

§ 349 Verfahren der Aufhebung der Strafaussetzung

1. Soll eine Strafaussetzung aufgehoben werden, so hat der Staatsanwalt die Aufhebung bei dem Land-, Familien- oder Amtsgericht zu beantragen, das für den Bezirk, in dem der Verurteilte sich aufhält oder zuletzt aufgehalten hat, zuständig ist.

2. Ist die Strafaussetzung gemäß § 26-2 Ziff. 2 des Strafgesetzbuchs[24] aufzuheben, so ist der in Abs. 1 erwähnte Antrag auf Ersuchen des Leiters der Behörde für Bewährungsaufsicht zu stellen.

§ 349-2

1. Auf den in § 349 erwähnten Antrag hin hat das Gericht nach Anhörung der Person, der Strafaussetzung gewährt worden war, oder ihres Vertreters einen Beschluß zu erlassen.

2. Handelt es sich im Fall des Abs. 1 um einen Antrag auf Widerruf der Strafaussetzung gemäß § 26-2 Ziff. 2 des Strafgesetzbuchs, so muß auf Antrag der Person, der Strafaussetzung gewährt worden ist, ein mündliches Verfahren durchgeführt werden.

3. Für das mündliche Verfahren zum Erlaß eines Beschlusses gemäß Abs. 1 kann die Person, der Strafaussetzung gewährt worden ist, einen Verteidiger wählen.

---

[24] § 26-2: In folgenden Fällen kann die Strafaussetzung widerrufen werden: (2) Wenn die gemäß § 25-2 Abs. 1 unter Bewährungsaufsicht gestellte Person einer der zu erfüllenden Forderungen nicht nachkommt und ihre Lebensumstände ungünstig sind.

4. Für das mündliche Verfahren zum Erlaß eines Beschlusses gemäß Abs. 1 kann der Staatsanwalt mit Erlaubnis des Gerichts einen Bewährungsbeamten zur Stellungnahme veranlassen.

5. Gegen den in Abs. 1 erwähnten Beschluß ist sofortige Beschwerde zulässig.

§ 350 Verfahren der erneuten Straffestsetzung nach einer Amnestie bei Zusammentreffen von Straftaten

Ist eine Strafe gemäß § 52 des Strafgesetzbuchs[25] zu bestimmen, so hat der Staatsanwalt bei dem Gericht, das die letzte Entscheidung in der Sache erlassen hat, die Festsetzung der Strafe zu beantragen. In diesem Fall findet § 349-2 Abs. 1 und 5 entsprechende Anwendung.

DRITTES BUCH

Rechtsmittel

1. ABSCHNITT

Allgemeine Vorschriften

§ 351 Rechtsmittelberechtigte

1. Rechtsmittel stehen dem Staatsanwalt oder dem Angeklagten zu.

2. Ist in einer Strafsache, die gemäß § 266 Ziff. 2 dem Gericht zur Verhandlung überwiesen und die gemeinsam mit einer anderen Strafsache verhandelt worden ist, nur eine Entscheidung ergangen, so können der Rechtsanwalt, der die Funktionen eines Staatsanwalts gemäß § 268 Abs. 2 ausübt, und der für die andere Strafsache zuständige Staatsanwalt unabhängig voneinander Rechtsmittel gegen die Entscheidung einlegen.

§ 352

Beschwerde können auch andere Personen als der Staatsanwalt oder der Angeklagte einlegen, sofern sie von einem Beschluß betroffen sind.

---

[25] § 52: Wenn ein wegen mehrerer Straftaten Verurteilter wegen einer der Straftaten begnadigt wird, so wird die Strafe für die nicht begnadigte Straftat besonders festgesetzt.

§ 353

Zugunsten des Angeklagten kann sein gesetzlicher Vertreter oder sein Pfleger Rechtsmittel einlegen.

§ 354

Ist eine mündliche Verhandlung zur Eröffnung der Haftgründe durchgeführt worden, so kann auch der Antragsteller zugunsten des Angeklagten Rechtsmittel gegen die Haftentscheidung einlegen. Dasselbe gilt für den Beschluß, durch den das Rechtsmittel abgewiesen wird.

§ 355

Der Vertreter oder Verteidiger der Vorinstanz kann für den Angeklagten Rechtsmittel einlegen.

§ 356

Gegen den ausdrücklich erklärten Willen des Angeklagten dürfen die in §§ 353—355 erwähnten Rechtsmittel nicht eingelegt werden.

§ 357 Beschränkung des Rechtsmittels

Ein Rechtsmittel kann auch gegen einen Teil der Entscheidung eingelegt werden. Ist ein Rechtsmittel nicht auf einen Teil beschränkt, so gilt es als gegen das Urteil im ganzen eingelegt.

§ 358 Rechtsmittelfrist

Die Frist zur Einlegung eines Rechtsmittels beginnt mit dem Tage, an dem die Entscheidung verkündet wurde.

§ 359 Verzicht, Rücknahme des Rechtsmittels

Der Staatsanwalt, der Angeklagte oder die in § 352 angeführte Person können auf das Rechtsmittel verzichten oder es zurücknehmen.

§ 360

Die in §§ 353 oder 354 genannten Personen können mit schriftlicher Zustimmung des Angeklagten auf das Rechtsmittel verzichten oder es zurücknehmen.

§ 360-2 Beschränkung des Rechtsmittelverzichts

Ungeachtet der Vorschriften der §§ 359 und 360 kann auf das Rechtsmittel gegen ein Urteil, das die Todesstrafe oder lebenslängliches Zuchthaus oder Gefängnis verhängt, nicht verzichtet werden.

§ 360-3 Form des Rechtsmittelverzichts

Die Erklärung über den Rechtsmittelverzicht ist schriftlich abzugeben.

§ 361 Verzicht, Rücknahme des Rechtsmittels und erneute Einlegung

Wer auf die Einlegung des Rechtsmittels verzichtet oder es zurückgenommen hat, darf in derselben Sache nicht erneut Rechtsmittel einlegen. Dasselbe gilt für den Angeklagten, der dem Verzicht auf Einlegung eines Rechtsmittels oder der Zurücknahme zugestimmt hat.

§ 362 Rechtsmittel und Wiedereinsetzung in den vorigen Stand

Ist eine Person, die zur Einlegung eines Rechtsmittels gemäß den Vorschriften der §§ 351—355 befugt ist, an der Einlegung des Rechtsmittels innerhalb der Rechtsmittelfrist durch Gründe, die weder sie noch ihr Vertreter zu vertreten haben, verhindert, so kann sie bei dem vorinstanzlichen Gericht die Wiedereinsetzung in den vorigen Stand beantragen.

§ 363

1. Das Gesuch um Wiedereinsetzung in den vorigen Stand ist schriftlich innerhalb einer Frist zu stellen, die entsprechend der Rechtsmittelfrist an dem Tage beginnt, an dem der Hinderungsgrund zu bestehen aufhörte.

2. Mit dem Gesuch um Wiedereinsetzung in den vorigen Stand ist gleichzeitig das Rechtsmittel einzulegen.

§ 364

Gegen den Beschluß, mit dem über das Gesuch um Wiedereinsetzung in den vorigen Stand entschieden wird, ist sofortige Beschwerde zulässig.

§ 365

Ist um Wiedereinsetzung in den vorigen Stand nachgesucht worden, so kann das vorinstanzliche Gericht durch Beschluß die Aussetzung der Vollstreckung der Entscheidung anordnen, bis der in § 364 vorgesehene Beschluß ergangen ist. In diesem Fall kann gegen den Angeklagten ein Haftbefehl erlassen werden.

§ 366 Sonderregelung für Gefangene

1. Hat der sich im Gefängnis befindende Angeklagte die Rechtsmittelschrift dem Leiter der Strafanstalt oder dessen Vertreter innerhalb der Rechtsmittelfrist übergeben, so gilt das Rechtsmittel als fristgemäß eingelegt.

2. Ist der Angeklagte unfähig, eine Rechtsmittelschrift aufzusetzen, so hat sie der Leiter der Strafanstalt oder sein Vertreter anzufertigen oder einen Beamten damit zu beauftragen.

§ 367

§ 366 findet entsprechende Anwendung, wenn der sich im Gefängnis befindende Angeklagte auf Rechtsmittel verzichtet oder dieses zurücknimmt oder um Wiedereinsetzung in den vorigen Stand nachsucht.

§ 368 Rechtsmittel des Staatsanwalts und Kostenerstattung

Wird ein Rechtsmittel, das nur von dem Staatsanwalt eingelegt worden ist, verworfen oder zurückgenommen, so hat der Staat dem Angeklagten die auf Grund des Rechtsmittels in dieser Instanz entstandenen Kosten zu ersetzen.

§ 369

Zu ersetzen sind lediglich Reisekosten, Tage- und Übernachtungsgelder, die dem früheren Angeklagten und seinem Verteidiger durch ihr Erscheinen zum Termin zur Vorbereitung der Hauptverhandlung oder zum Hauptverhandlungstermin entstanden sind, sowie das Honorar des Verteidigers. Für die Höhe des zu ersetzenden Betrags gelten die Vorschriften des Gesetzes über die Kosten des Strafverfahrens hinsichtlich der Zeugen und Verteidiger entsprechend für den Angeklagten und seinen Verteidiger.

§ 370

1. Die Entscheidung über den Ersatz von Auslagen ergeht auf Antrag des früheren Angeklagten oder seines Vertreters durch Beschluß des für das Rechtsmittel zuständigen Obersten Gerichtshofs oder Oberlandesgerichts.

2. Der in Abs. 1 erwähnte Antrag ist innerhalb von zwei Monaten nach Verkündung des verwerfenden Urteils oder der Zurücknahme des Rechtsmittels zu stellen.

3. Gegen den vom Oberlandesgericht gemäß Abs. 1 erlassenen Beschluß kann gemäß § 428 Abs. 2 Einspruch erhoben werden. Auch die Vorschriften über die sofortige Beschwerde finden auf den oben erwähnten Einspruch entsprechende Anwendung.

§ 371

Sofern das Gesetz nichts anderes vorschreibt, richtet sich der Antrag auf Ersatz sowie dessen Zahlung und das Verfahren nach der Gerichtsordnung.

2. ABSCHNITT

Berufung

§ 372 Zulässigkeit der Berufung

Gegen Urteile erster Instanz des Land-, Familien- und Amtsgerichts ist die Berufung zulässig.

§ 373 Berufungsfrist

Die Berufungsfrist beträgt 14 Tage.

§ 374 Form der Berufung

Die Berufung ist schriftlich bei dem Gericht erster Instanz einzulegen.

§ 375 Verwerfung der Berufung durch Beschluß des erstinstanzlichen Gerichts

Ist die Berufung unzweifelhaft nach Ablauf der Berufungsfrist eingelegt worden, so hat das Gericht erster Instanz sie durch Beschluß zu verwerfen. Gegen den Beschluß ist sofortige Beschwerde zulässig.

§ 376 Berufungsbegründung

1. Der Berufungsführer hat die Berufungsbegründung innerhalb der von der Gerichtsordnung vorgeschriebenen Frist dem Berufungsgericht vorzulegen.

2. Nach den Vorschriften dieses Gesetzes oder der Gerichtsordnung ist der Berufungsbegründung Material zur Glaubhaftmachung oder eine Bescheinigung des Staatsanwalts oder Verteidigers beizufügen.

§ 377 Berufungsgründe und Berufungsbegründung — absolute Berufungsgründe

Wird Berufung aus einem der folgenden Gründe eingelegt, so ist der Berufungsbegründung eine Bescheinigung des Staatsanwalts oder des Verteidigers beizufügen, daß das Vorliegen dieser Gründe ausreichend bewiesen werden kann, wenn

(1) das erkennende Gericht nicht vorschriftsmäßig besetzt war;

(2) bei dem Urteil ein Richter mitgewirkt hat, der aus gesetzlichen Gründen nicht hätte mitwirken sollen;

(3) die Vorschriften über die Öffentlichkeit des Verfahrens verletzt worden sind.

§ 378 Absolute Berufungsgründe

Wird die Berufung aus einem der folgenden Gründe eingelegt, so hat die Berufungsbegründung die zur Glaubhaftmachung des Grundes ausreichenden Tatsachen zu enthalten, die sich aus dem Protokoll über das Verfahren und den Inhalt der Beweisaufnahme des erkennenden Gerichts ergeben,

(1) wenn das Gericht seine Zuständigkeit oder Unzuständigkeit zu Unrecht angenommen hat;

(2) wenn der Klage zu Unrecht stattgegeben oder sie abgewiesen worden ist;

(3) wenn im Urteil über eine angeklagte Straftat nicht entschieden oder über eine nicht angeklagte Straftat entschieden worden ist;

(4) wenn das Urteil keine Gründe enthält oder die Gründe widersprüchlich waren.

§ 379 Verletzung des Gesetzes durch das Verfahren

Wird die Berufung außer auf die Gründe der §§ 377 und 378 darauf gestützt, daß durch das Verfahren ein Gesetz oder eine Verordnung verletzt worden ist und die Verletzung das Urteil offensichtlich beeinflußt hat, so hat die Berufungsbegründung die zur Glaubhaftmachung des Grundes ausreichenden Tatsachen zu enthalten, die sich aus dem Protokoll über das Verfahren und dem Inhalt der Beweisaufnahme des erkennenden Gerichts ergeben.

§ 380 Fehler bei der Anwendung des Gesetzes

Wird die Berufung darauf gestützt, daß ein Fehler bei der Anwendung von Gesetzen oder Verordnungen unterlaufen ist und dieser Fehler das Urteil offensichtlich beeinflußt hat, so ist in der Berufungsbegründung der Fehler und das Beruhen des Urteils auf diesem Fehler besonders hervorzuheben.

§ 381 Ungeeignete Strafzumessung

Wird die Berufung darauf gestützt, daß die Strafzumessung ungeeignet ist, so hat die Berufungsbegründung die zur Glaubhaftmachung des Grundes hinreichenden Tatsachen zu enthalten, die sich aus dem Protokoll über das Verfahren und dem Inhalt der Beweisaufnahme des erkennenden Gerichts ergeben.

§ 382 Irrtum bei der Tatsachenfeststellung

Wird die Berufung auf einen Irrtum bei der Tatsachenfeststellung und dessen offensichtlichen Einfluß auf das Urteil gestützt, so hat die Berufungsbegründung die zur Glaubhaftmachung des Grundes ausreichenden Tatsachen zu enthalten, die sich aus dem Protokoll über das Verfahren und dem Inhalt der Beweisaufnahme des erkennenden Gerichts ergeben.

§ 382-2 Nach Abschluß der mündlichen Verhandlung eingetretene Umstände

1. In der Berufungsbegründung kann auf die beweisbare Tatsache Bezug genommen werden, hinsichtlich derer vor Schluß der mündlichen Verhandlung erster Instanz infolge unvermeidbarer Umstände kein Beweisantrag mehr gestellt werden konnte, und durch den die in den Vorschriften der §§ 381 und 382 aufgeführten Berufungsgründe hinreichend glaubhaft gemacht werden können, selbst wenn es sich um eine Tatsache handelt, die sich nicht aus dem Protokoll über das Verfahren und dem Inhalt der Beweisaufnahme des erkennenden Gerichts ergibt.

2. Abs. 1 findet auch Anwendung auf Tatsachen, die sich in der ersten Instanz nach Beendigung der mündlichen Verhandlung, aber vor Verkündung des Urteils ergeben haben und die die in den Vorschriften der §§ 381 und 382 aufgeführten Berufungsgründe hinreichend glaubhaft machen.

3. In den Fällen der Abs. 1 und 2 ist der Berufungsbegründung das die bezeichnete Tatsache glaubhaft machende Material beizufügen. Im Falle des Abs. 1 ist weiterhin das zur Glaubhaftmachung des Grundes notwendige Material beizufügen, aus dem sich ergibt, daß der Beweisantrag auf Grund unvermeidbarer Umstände nicht gestellt werden konnte.

§ 383 Wiederaufnahmegrund usw.

Wird die Berufung auf einen der folgenden Gründe gestützt, so ist der Berufungsbegründung das zur Glaubhaftmachung des Grundes notwendige Material beizufügen,

(1) wenn Gründe vorliegen, wegen deren die Wiederaufnahme des Verfahrens beantragt werden könnte;

(2) wenn nach Erlaß des Urteils die Strafe abgeschafft, geändert oder eine allgemeine Amnestie gewährt worden ist.

§ 384 Berufungsgründe

Berufung kann nur unter Behauptung einer der für die Berufung durch §§ 377—382 und 383 vorgeschriebenen Gründe eingelegt werden.

§ 385 Verwerfungsbeschluß

1. Ist die für die Berufung durch Gesetz oder Verordnung vorgeschriebene Form offensichtlich nicht eingehalten oder ist die Berufung offensichtlich nach Ablauf der Berufungsfrist eingelegt worden, so hat das Berufungsgericht das Rechtsmittel durch Beschluß zu verwerfen.

2. Gegen den gemäß Abs. 1 erlassenen Beschluß kann gemäß § 428 Abs. 2 Einspruch erhoben werden; in diesem Fall finden auch die Vorschriften über die sofortige Beschwerde entsprechende Anwendung.

§ 386

1. Das Berufungsgericht hat das Rechtsmittel durch Beschluß zu verwerfen,

(1) wenn die Berufungsbegründung nicht innerhalb der von § 376 Abs. 1 vorgeschriebenen Frist eingelegt wird;

(2) wenn die Berufungsbegründung nicht in der durch dieses Gesetz oder die Gerichtsordnung vorgeschriebenen Form eingelegt wird oder ihr nicht das von diesem Gesetz oder der Gerichtsordnung vorgeschriebene, zur Glaubhaftmachung notwendige Material oder die Bescheinigungen beigefügt werden;

(3) wenn die Berufungsbegründung offensichtlich keinen der in den Vorschriften der §§ 377—382 und 383 angeführten Gründe enthält.

2. § 385 Abs. 2 findet auf den in Abs. 1 erwähnten Beschluß entsprechende Anwendung.

§ 387 Qualifikation des Verteidigers

Für das Berufungsverfahren darf nur ein Rechtsanwalt als Verteidiger bestellt werden.

§ 388 Verhandlungsfähigkeit

In der Berufungsverhandlung kann nur ein Verteidiger für den Angeklagten auftreten.

§ 389 Verhandlung

Die Ausführungen des Staatsanwalts und des Verteidigers in der Verhandlung haben sich auf die Berufungsbegründung zu stützen.

§ 390 Anwesenheit des Angeklagten

Im Berufungsverfahren ist die Anwesenheit des Angeklagten in der Verhandlung nicht erforderlich. Handelt es sich jedoch um eine Straftat, die nicht nur mit Geldstrafe bis zu 5000 Yen oder Geldbuße bedroht ist, so kann das Berufungsgericht die Anwesenheit des Angeklagten in der Verhandlung anordnen, wenn es dies zum Schutz seiner Rechte für notwendig hält.

§ 391 Ausbleiben des Verteidigers usw.

Erscheint der Verteidiger nicht oder ist kein Verteidiger bestellt worden, so kann nach Anhörung des Staatsanwalts ein Urteil ergehen, es sei denn, ein Verteidiger ist nach diesem Gesetz notwendig vorgeschrieben oder durch Beschluß bestellt worden.

§ 392 Umfang der Prüfung

1. Das Berufungsgericht hat die in der Berufungsbegründung angeführten Punkte zu prüfen.

2. Das Berufungsgericht kann von Amts wegen jede der in den Vorschriften der §§ 377—382 und 383 angeführten Tatsachen prüfen, auch wenn diese in der Begründung nicht enthalten sind.

§ 393 Tatsachenprüfung

1. Hält das Berufungsgericht es zu der im § 392 erwähnten Prüfung für notwendig, so kann es auf Antrag des Staatsanwalts, des Angeklagten oder seines Verteidigers oder von Amts wegen diese Tatsachen nachprüfen. Die zur Glaubhaftmachung gemäß § 382-2 angeführten Tatsachen muß das Gericht jedoch nur prüfen, wenn sie für den Beweis der ungeeigneten Straffestsetzung oder eines für das Urteil kausalen Irrtums in der Tatsachenfeststellung unentbehrlich sind.

2. Das Berufungsgericht kann, wenn es dies für notwendig erachtet, von Amts wegen Umstände nachprüfen, die nach Erlaß des Urteils erster Instanz eingetreten sind und durch die die Festsetzung der Strafe beeinflußt werden kann.

3. Mit der Nachprüfung gemäß Abs. 1 und 2 kann ein Mitglied des Kollegialgerichts beauftragt oder es kann ein Richter eines Land-, Familien- oder Amtsgerichts darum ersucht werden. Der beauftragte oder ersuchte Richter hat in diesem Fall die gleichen Befugnisse wie das Gericht oder der vorsitzende Richter.

4. Wird eine Nachprüfung gemäß Abs. 1 oder 2 durchgeführt, so können der Staatsanwalt und der Verteidiger dieses Ergebnis in ihren Plädoyers verwerten.

§ 394 Zulässigkeit von Beweisen

Die vom erstinstanzlichen Gericht zugelassenen Beweise können auch bei dem Berufungsgericht als Beweis verwendet werden.

§ 395 Verwerfungsurteil

Ist eine Berufung unter Verletzung der durch Gesetz oder Verordnung vorgeschriebenen Form oder nach Ablauf der Berufungsfrist eingelegt worden, so ist das Rechtsmittel durch Urteil zu verwerfen.

§ 396

Liegt keiner der in den Vorschriften der §§ 377—382 und 383 vorgesehenen Berufungsgründe vor, so ist das Rechtsmittel durch Urteil zu verwerfen.

§ 397 Aufhebungsurteil

1. Liegt einer der durch die Vorschriften der §§ 377—382 und 383 vorgeschriebenen Berufungsgründe vor, so ist das angefochtene Urteil durch Urteil aufzuheben.

2. Ergibt die gemäß § 393 Abs. 2 durchgeführte Prüfung, daß die Nichtaufhebung des angefochtenen Urteils der Gerechtigkeit widersprechen würde, so kann es durch Urteil aufgehoben werden.

§ 398 Aufhebung, Zurückverweisung

Ist das angefochtene Urteil aufzuheben, weil das erkennende Gericht sich zu Unrecht für unzuständig hielt oder die Anklage zu Unrecht abgewiesen wurde, so ist die Sache durch Urteil an das erkennende Gericht zurückzuverweisen.

§ 399 Aufhebung, Verweisung

Ist das angefochtene Urteil aufzuheben, weil das Gericht sich zu Unrecht für zuständig hielt, so ist die Sache durch Urteil an das zuständige Gericht erster Instanz zu verweisen. Ist jedoch das Berufungsgericht selbst in erster Instanz für die Sache zuständig, so hat es als erste Instanz in der Sache selbst zu erkennen.

§ 400 Aufhebung, Zurückverweisung, Verweisung, Sachentscheidung

Ist das angefochtene Urteil aus anderen als den in den §§ 398 und 399 angeführten Gründen aufzuheben, so ist die Sache durch Urteil entweder an das erkennende Gericht zurückzuverweisen oder an ein anderes Gericht gleicher Ordnung wie das erkennende Gericht zu verweisen. Ist das Gericht jedoch der Ansicht, daß es auf der Grundlage des bereits vom erstinstanzlichen Gericht oder dem Berufungsgericht hergestellten Protokolls und aufgenommenen Beweises sofort selbst ein Urteil erlassen kann, so ist der Erlaß des Urteils in der Sache selbst zulässig.

§ 401 Aufhebung zugunsten eines Mitangeklagten

Wird das angefochtene Urteil zugunsten des Angeklagten aufgehoben, so ist das Urteil auch für den Mitangeklagten aufzuheben, wenn dieser gleichfalls Berufung eingelegt hat und der Aufhebungsgrund beide Angeklagte betrifft.

§ 402 Verbot der reformatio in peius

Ist Berufung durch den Angeklagten oder zu seinen Gunsten eingelegt worden, so darf keine schwerere Strafe als die des angefochtenen Urteils verhängt werden.

§ 403 Verwerfungsbeschluß

1. Hat das erkennende Gericht zu Unrecht unterlassen, einen die Anklage abweisenden Beschluß zu erlassen, so ist die Anklage durch Beschluß abzuweisen.

2. § 385 Abs. 2 findet auf den in Abs. 1 erwähnten Beschluß entsprechende Anwendung.

§ 404 Entsprechende Anwendung

Die Vorschriften des zweiten Buches sind auf das Berufungsverfahren entsprechend anzuwenden, sofern dieses Gesetz nichts anderes vorsieht.

3. ABSCHNITT

Revision

§ 405 Zulässigkeit der Revision, Revisionsgründe

In den folgenden Fällen ist gegen erst- oder zweitinstanzliche Urteile des Oberlandesgerichts Revision zulässig:

(1) wenn die Verfassung verletzt worden ist oder ein Irrtum bei der Auslegung der Verfassung vorliegt;

(2) wenn ein Urteil mit den vom Obersten Gerichtshof erlassenen Präzedenzfällen nicht übereinstimmt;

(3) wenn das Urteil bei Fehlen von Präzedenzfällen des Obersten Gerichtshofs den Präzedenzfällen des früheren Reichsgerichts oder des Oberlandesgerichts als Revisionsgericht oder nach Inkrafttreten dieses Gesetzes des Oberlandesgerichts als Berufungsgericht widerspricht.

§ 406 Sonderbestimmung

Selbst wenn in einer Strafsache die Revision gemäß § 405 nicht zulässig ist, kann der Oberste Gerichtshof als Revisionsgericht nach der Gerichtsordnung die Revision zulassen, wenn anzunehmen ist, daß diese ein wichtiges Problem hinsichtlich der Gesetzesauslegung enthält, und das angefochtene Urteil noch nicht rechtskräftig ist.

§ 407 Revisionsbegründung

Die Revisionsbegründung hat die Revisionsgründe gemäß der Gerichtsordnung darzulegen.

§ 408 Verwerfungsurteil ohne mündliche Verhandlung

Erachtet das Revisionsgericht nach Prüfung der Revisionsbegründung und sonstiger Akten, daß die Revision offensichtlich unbegründet ist, so kann es die Revision durch Urteil ohne mündliche Verhandlung verwerfen.

§ 409 Nicht notwendige Ladung des Angeklagten

Die Ladung des Angeklagten zum Verhandlungstermin vor dem Revisionsgericht ist nicht erforderlich.

§ 410 Aufhebungsurteil

1. Das Revisionsgericht hat das angefochtene Urteil durch Urteil aufzuheben, wenn es die von § 405 vorgeschriebenen Gründe für gegeben erachtet. Dies gilt jedoch nicht, wenn das Urteil nicht auf diesen Gründen beruht.

2. Abs. 1 findet keine Anwendung, wenn es das Revisionsgericht trotz Vorliegen von Aufhebungsgründen nach § 405 Ziff. 2 und 3 für zweckmäßig hält, mit der einschlägigen höchstrichterlichen Rechtsprechung zu brechen oder sie zu ändern, anstatt das angefochtene Urteil aufzuheben.

§ 411

Hält das Revisionsgericht die Nichtaufhebung des angefochtenen Urteils aus folgenden Gründen für unvereinbar mit der Gerechtigkeit, so kann es dieses durch Urteil aufheben, selbst wenn keiner der in § 405 vorgeschriebenen Gründe vorliegt:

(1) wenn das Urteil durch eine Verletzung von Gesetz oder Verordnung beeinflußt ist;

(2) wenn die Strafzumessung allzu ungeeignet ist;

(3) wenn das Urteil durch einen groben Irrtum bei der Tatsachenfeststellung beeinflußt ist;

(4) wenn ein Grund zur Wiederaufnahme des Verfahrens vorliegt;

(5) wenn nach Erlaß des angefochtenen Urteils die Strafe abgeschafft, geändert oder eine Generalamnestie verkündet wurde.

§ 412 Aufhebung, Verweisung

Ist das angefochtene Urteil aufzuheben, weil das erkennende Gericht sich zu Unrecht für zuständig gehalten hat, so ist die Sache durch Urteil an das zuständige Berufungsgericht oder an das zuständige Gericht erster Instanz zu verweisen.

§ 413 Aufhebung, Zurückverweisung, Verweisung und Sachentscheidung

Ist das angefochtene Urteil aus anderen als den in § 412 angeführten Gründen aufzuheben, so ist die Sache durch Urteil entweder an das erkennende Gericht oder das Gericht erster Instanz zurückzuverweisen oder an ein anderes Gericht gleicher Ordnung zu verweisen. Ist das Gericht jedoch der Ansicht, daß es auf der Grundlage des bereits vom Berufungsgericht oder dem erstinstanzlichen Gericht hergestellten Protokolls und aufgenommenen Beweises sofort selbst ein Urteil erlassen kann, so ist der Erlaß des Urteils in der Sache selbst zulässig.

§ 414 Entsprechende Anwendung

Die Vorschriften des 2. Abschnittes des 3. Buches finden auf das Revisionsverfahren entsprechende Anwendung, sofern dieses Gesetz nichts anderes vorsieht.

§ 415 Berichtigung des Urteils

1. Ist das Urteil des Revisionsgerichts fehlerhaft, so kann es auf Antrag des Staatsanwalts, des Angeklagten oder seines Verteidigers durch Urteil berichtigt werden.

2. Der in Abs. 1 vorgeschriebene Antrag ist innerhalb von zehn Tagen nach Verkündung des Urteils zu stellen.

3. Auf Antrag der Antragsberechtigten gemäß Abs. 1 kann das Revisionsgericht, sofern es dies für zweckmäßig hält, die Frist gemäß Abs. 2 verlängern.

§ 416

Das Berichtigungsurteil kann auch ohne Wiedereröffnung der mündlichen Verhandlung ergehen.

§ 417

1. Das Revisionsgericht hat den Antrag durch Beschluß unverzüglich zurückzuweisen, wenn es kein Berichtigungsurteil erlassen will.

2. Gegen das Berichtigungsurteil ist ein weiterer Antrag nach § 415 Abs. 1 nicht zulässig.

§ 418 Eintritt der Rechtskraft des Revisionsurteils

Das Revisionsurteil wird mit Ablauf der in § 415 vorgeschriebenen Frist rechtskräftig bzw. bei Erlaß eines Berichtigungsurteils oder eines den Antrag zurückweisenden Beschlusses, sofern während dieser Frist ein Antrag gemäß § 415 Abs. 1 gestellt worden ist.

4. ABSCHNITT

Beschwerde

§ 419 Zulässigkeit der Beschwerde

Beschwerde ist außer in den im Gesetz ausdrücklich vorgeschriebenen Fällen, in denen sofortige Beschwerde erhoben werden kann, gegen jeden Beschluß eines Gerichts zulässig. Das gilt jedoch nicht, wenn dieses Gesetz etwas anderes vorschreibt.

§ 420 Beschwerde gegen vor dem Urteil ergangene Beschlüsse

1. Gegen einen vor dem Urteil ergangenen Beschluß über die Zuständigkeit des Gerichtes oder das Verfahren ist die Beschwerde nur in den vom Gesetz ausdrücklich vorgesehenen Fällen, in denen sofortige Beschwerde erhoben werden kann, zulässig.

2. Abs. 1 findet keine Anwendung auf einen Beschluß über Haft, Freilassung gegen Sicherheitsleistung, Beschlagnahme oder Herausgabe von beschlagnahmten Gegenständen oder einen Beschluß über Unterbringung zur Begutachtung.

3. Eine Beschwerde gegen eine Haftentscheidung mit der Begründung, es liege kein Verdacht für eine strafbare Handlung vor, ist ungeachtet des Abs. 2 unzulässig.

§ 421 Zeitpunkt der Einlegung einer Beschwerde

Mit Ausnahme der sofortigen Beschwerde kann eine Beschwerde jederzeit eingelegt werden. Dies gilt jedoch nicht, wenn von der Aufhebung des angefochtenen Beschlusses kein tatsächlicher Vorteil mehr zu erwarten ist.

§ 422 Frist zur Einlegung einer sofortigen Beschwerde

Die Frist zur Einlegung der sofortigen Beschwerde beträgt drei Tage.

§ 423 Form der Beschwerde

1. Die Beschwerde ist schriftlich bei dem erkennenden Gericht einzulegen.

2. Hält das erkennende Gericht die Beschwerde für begründet, so hat es den Fehler des Beschlusses zu berichtigen. Hält es die Beschwerde im ganzen oder teilweise für unbegründet, so hat es diese zusammen mit den schriftlichen Stellungnahmen innerhalb von drei Tagen nach Einlegung der Beschwerde dem Beschwerdegericht vorzulegen.

§ 424 Beschwerde und Vollzugshemmung

1. Mit Ausnahme der sofortigen Beschwerde hat die Beschwerde keine den Vollzug der Entscheidung hemmende Wirkung. Das erkennende Gericht kann jedoch durch Beschluß den Vollzug aussetzen, bis das Beschwerdegericht entschieden hat.

2. Das Beschwerdegericht kann den Vollzug der Entscheidung durch Beschluß aussetzen.

§ 425 Vollzugshemmung als Wirkung der sofortigen Beschwerde

Während der Frist zur Einlegung einer sofortigen Beschwerde und auch nach deren Einlegung ist der Vollzug der Entscheidung gehemmt.

§ 426 Entscheidung über die Beschwerde

1. Ist eine Beschwerde unter Verletzung der einschlägigen Vorschriften eingelegt worden oder ist sie unbegründet, so ist sie durch Beschluß zu verwerfen.

2. Ist die Beschwerde begründet, so ist die angefochtene Entscheidung durch Beschluß aufzuheben und, sofern notwendig, eine neue Entscheidung zu erlassen.

§ 427 Verbot einer weiteren Beschwerde

Gegen den Beschluß des Beschwerdegerichts ist eine weitere Beschwerde nicht zulässig.

§ 428 Verbot einer Beschwerde gegen den Beschluß eines Oberlandesgerichts; Einspruch statt Beschwerde

1. Gegen den Beschluß eines Oberlandesgerichts ist die Beschwerde nicht zulässig.

2. Gegen den Beschluß, der auf Grund besonderer Vorschriften mit sofortiger Beschwerde oder Beschwerde nach §§ 419 und 420 anfechtbar ist, kann, wenn er vom Oberlandesgericht erlassen ist, Einspruch beim Oberlandesgericht eingelegt werden.

3. Die Vorschriften über die Beschwerde finden entsprechende Anwendung auf den in Abs. 2 erwähnten Einspruch. Auch die Vorschriften über die sofortige Beschwerde finden entsprechende Anwendung auf einen Einspruch gegen einen Beschluß, gegen den die sofortige Beschwerde auf Grund besonderer Vorschriften zulässig ist.

§ 429 Quasi-Beschwerde

1. Wer mit einer der folgenden Entscheidungen nicht einverstanden ist, kann die Aufhebung oder Abänderung dieser Entscheidung, wenn sie von einem Richter des Amtsgerichts erlassen ist, beim zuständigen Landgericht beantragen oder, wenn sie von einem Richter eines höheren Gerichts erlassen worden ist, bei dem Gericht, zu dem der Richter gehört,

(1) wenn mit der Entscheidung ein Antrag auf Ablehnung verworfen wird;

(2) wenn es sich um eine Entscheidung hinsichtlich Haft, Freilassung gegen Sicherheitsleistung, Beschlagnahme oder Herausgabe beschlagnahmter Gegenstände handelt;

(3) wenn mit der Entscheidung Unterbringung zur Begutachtung angeordnet wird;

(4) wenn durch die Entscheidung einem Zeugen, Sachverständigen, Dolmetscher oder Übersetzer eine Ordnungsstrafe in Geld oder Ersatz der Kosten auferlegt wird;

(5) wenn durch die Entscheidung der zu untersuchenden Person eine Ordnungsstrafe in Geld oder Ersatz der Kosten auferlegt wird.

2. § 420 Abs. 3 findet auf den in Abs. 1 vorgeschriebenen Antrag entsprechende Anwendung.

3. Über den Antrag hat das Land- oder Familiengericht, bei dem der Antrag gemäß Abs. 1 gestellt worden ist, als Kollegialgericht durch Beschluß zu entscheiden.

4. Der Antrag auf Aufhebung oder Abänderung der in Abs. 1 Ziff. 4 oder 5 genannten Entscheidung ist innerhalb von drei Tagen nach Erlaß der Entscheidung zu stellen.

5. Die Vollstreckung der Entscheidung ist während der Antragsfrist gemäß Abs. 4 und nach Antragsstellung gehemmt.

§ 430

1. Wer mit den in § 39 Abs. 3 genannten Maßnahmen oder mit den Maßnahmen, die von einem Staatsanwalt oder einem Hilfsbeamten der Staatsanwaltschaft hinsichtlich einer Beschlagnahme oder der Herausgabe beschlagnahmter Gegenstände getroffen worden sind, nicht einverstanden ist, kann die Aufhebung oder Abänderung dieser Maßnahmen bei der Staatsanwaltschaft, zu der der Staatsanwalt oder Hilfsbeamte gehört, oder bei dem entsprechenden Gericht beantragen.

2. Wer mit den in Abs. 1 aufgeführten Maßnahmen, die von einem Justizpolizeibeamten getroffen worden sind, nicht einverstanden ist, kann die Aufhebung oder Abänderung dieser Maßnahmen bei dem für den Tätigkeitsort des Justizpolizeibeamten zuständigen Land- oder Amtsgericht beantragen.

3. Die Vorschriften über das Verwaltungsgerichtsverfahren finden auf den in Abs. 1 und 2 genannten Antrag keine Anwendung.

§ 431 Form der Quasi-Beschwerde

Die in den §§ 429 und 430 genannten Anträge sind schriftlich bei dem zuständigen Gericht zu stellen.

§ 432

Die Vorschriften der §§ 424, 426 und 427 finden entsprechende Anwendung, wenn die in den §§ 429 und 430 genannten Anträge gestellt worden sind.

§ 433 Besondere Beschwerde

1. Gegen einen Beschluß oder eine Anordnung, deren Anfechtung nach diesem Gesetz nicht zulässig ist, kann Beschwerde beim Obersten Gerichtshof nur aus einem der in § 405 angeführten Gründe eingelegt werden.

2. Die Frist für die Einlegung der in Abs. 1 genannten Beschwerde beträgt fünf Tage.

§ 434

Die Vorschriften der §§ 423, 424 und 426 finden auf die in § 433 Abs. 1 genannte Beschwerde entsprechende Anwendung, sofern dieses Gesetz nichts anderes vorsieht.

VIERTES BUCH

Wiederaufnahme des Verfahrens

§ 435 Zulässigkeit und Gründe der Wiederaufnahme des Verfahrens

Die Wiederaufnahme des Verfahrens gegen eine rechtskräftige Entscheidung zugunsten des Verurteilten kann in den folgenden Fällen beantragt werden:

(1) wenn Beweisurkunden oder Beweisgegenstände, die in dem angefochtenen Urteil als Beweis verwendet worden sind, durch ein anderes rechtskräftiges Urteil als gefälscht oder abgeändert bewiesen worden sind;

(2) wenn das Zeugnis, das Sachverständigengutachten, die Verdolmetschung oder Übersetzung, die in dem angefochtenen Urteil als Beweis verwendet worden sind, durch ein anderes rechtskräftiges Urteil als falsch bewiesen worden sind;

(3) wenn eine gegen den Verurteilten begangene falsche Anschuldigung durch ein anderes rechtskräftiges Urteil als bewiesen angesehen wird; dies gilt jedoch nur, wenn die Verurteilung auf Grund der falschen Anschuldigung ergangen ist;

(4) wenn die Entscheidung, die in dem angefochtenen Urteil als Beweis verwendet worden ist, durch eine rechtskräftige Entscheidung abgeändert wurde;

(5) wenn eine Verurteilung wegen Verletzung eines Patentrechtes, eines Gebrauchsmusterrechtes, eines Musterschutzes oder eines Warenzeichens erfolgte und eine Entscheidung des zuständigen Patentamtes über die Nichtigkeit dieser Rechte rechtskräftig geworden ist oder ein gerichtliches Urteil des gleichen Inhalts erlassen worden ist;

(6) wenn neue Beweise beigebracht worden sind, auf Grund deren ein Verurteilter freizusprechen oder das Verfahren einzustellen ist oder bei einer Verurteilung von Strafe abzusehen wäre oder der Verurteilte wegen einer leichteren Straftat als der im angefochtenen Urteil bezeichneten zu bestrafen wäre;

(7) wenn durch eine rechtskräftige Entscheidung bewiesen wurde, daß ein Richter, der an dem Urteil oder dem Aufsetzen von Beweisurkunden, die als Beweis in dem Urteil verwertet wurden, teilgenommen hat, oder ein Staatsanwalt, ein Hilfsbeamter der Staatsanwaltschaft oder ein Justizpolizeibeamter, die Beweisurkunden oder Aussagen aufgenommen haben, die in dem angefochtenen Urteil als Beweis verwendet worden sind, bei Ausübung ihrer Amtspflichten eine Straftat begangen haben. Dies gilt jedoch nur, wenn das erkennende Gericht keine Kenntnis davon hatte, daß gegen den Richter, den Staatsanwalt, den Hilfsbeamten der Staatsanwaltschaft oder den Justizpolizeibeamten vor Erlaß des Urteils Anklage erhoben war.

§ 436

1. Die Wiederaufnahme eines durch ein rechtskräftiges Urteil abgeschlossenen Verfahrens zugunsten des Verurteilten ist nach Abweisung der Berufung oder der Revision in den folgenden Fällen zulässig:

(1) wenn die in § 435 Ziff. 1 oder 2 aufgeführten Wiederaufnahmegründe vorliegen;

(2) wenn die in § 435 Ziff. 7 aufgeführten Wiederaufnahmegründe hinsichtlich eines Richters vorliegen, der an dem Urteil oder dem Aufsetzen von Beweisurkunden, die als Beweis in dem Urteil verwertet wurden, teilgenommen hat.

2. Nachdem dem Antrag auf Wiederaufnahme des durch rechtskräftiges Urteil in der ersten Instanz abgeschlossenen Verfahrens durch Urteil stattgegeben worden ist, darf die Wiederaufnahme des Verfahrens gegen ein die Berufung abweisendes Urteil nicht beantragt werden.

3. Nachdem dem Antrag auf Wiederaufnahme eines durch rechtskräftiges Urteil der ersten oder zweiten Instanz abgeschlossenen Verfahrens durch Urteil stattgegeben worden ist, darf die Wiederaufnahme des Verfahrens gegen ein die Revision abweisendes Urteil nicht beantragt werden.

§ 437 Beweisführung als Ersatz des rechtskräftigen Urteils

Kann die nach §§ 435 und 436 für die Wiederaufnahme notwendige Voraussetzung, daß eine strafbare Handlung durch rechtskräftiges Urteil festgestellt worden ist, nicht erfüllt werden, so kann die Wiederaufnahme des Verfahrens nach Beweis dieser Tatsache beantragt werden. Dies gilt jedoch nicht, wenn die Erlangung eines rechtskräftigen Urteils mangels Beweises nicht möglich ist.

§ 438 Zuständigkeit

Für den Antrag auf Wiederaufnahme des Verfahrens ist das Gericht zuständig, dessen Urteil angefochten wird.

§ 439 Antragsberechtigter im Wiederaufnahmeverfahren

1. Die Wiederaufnahme des Verfahrens können folgende Personen beantragen:

(1) der Staatsanwalt;

(2) der Verurteilte;

(3) der gesetzliche Vertreter und Pfleger des Verurteilten;

(4) der Ehegatte, Verwandte in gerader Linie sowie Geschwister des Verurteilten, wenn dieser gestorben oder geisteskrank geworden ist.

2. Der Antrag auf Wiederaufnahme des Verfahrens aus den in § 435 Ziff. 7 oder § 436 Abs. 1 Ziff. 2 aufgeführten Gründen kann nur durch den Staatsanwalt gestellt werden, wenn der Verurteilte zu der Straftat angestiftet hat.

§ 440 Recht auf Verteidigung

1. Beantragt eine andere Person als der Staatsanwalt die Wiederaufnahme des Verfahrens, so kann sie sich einen Verteidiger wählen.

2. Die Wahl eines Verteidigers gemäß Abs. 1 bleibt bis Erlaß eines Urteils im Wiederaufnahmeverfahren wirksam.

§ 441 Zeitpunkt des Antrags auf Wiederaufnahme

Die Wiederaufnahme des Verfahrens kann auch nach Beendigung der Strafvollstreckung oder in dem Fall, daß die Strafe nicht mehr vollstreckt werden kann, beantragt werden.

§ 442 Vollzugshemmende Wirkung

Durch den Antrag auf Wiederaufnahme des Verfahrens wird die Vollstreckung der Strafe nicht gehemmt. Der Staatsanwalt der dem zuständigen Gericht entsprechenden Staatsanwaltschaft kann jedoch die Vollstreckung bis zum Erlaß einer Entscheidung im Wiederaufnahmeverfahren aussetzen.

§ 443 Rücknahme des Wiederaufnahmeantrags

1. Der Antrag auf Wiederaufnahme des Verfahrens kann zurückgenommen werden.

2. Die Wiederholung eines zurückgenommenen Antrags auf Wiederaufnahme des Verfahrens durch denselben Antragsteller aus demselben Grunde ist unzulässig.

§ 444 Sondervorschrift für Strafgefangene

Die Vorschrift des § 366 findet auf den Antrag auf Wiederaufnahme des Verfahrens und dessen Rücknahme entsprechende Anwendung.

§ 445 Nachprüfung von Tatsachen

Nach Eingang des Antrags auf Wiederaufnahme des Verfahrens kann das Gericht, falls es dies für notwendig erachtet, ein Mitglied des Kollegialgerichts mit der Führung der Nachprüfung der Tatsache, auf die sich der Antrag stützt, beauftragen oder einen Richter eines Land-, Familien- oder Amtsgerichts darum ersuchen. Der beauftragte und der ersuchte Richter haben in diesem Fall die gleichen Befugnisse wie das Gericht oder der vorsitzende Richter.

§ 446 Verwerfungsbeschluß

Ist der Antrag auf Wiederaufnahme des Verfahrens unter Verletzung der durch Gesetz oder Verordnung vorgeschriebenen Form oder nach Erlöschen des Antragsrechts gestellt worden, so ist er durch Beschluß abzuweisen.

§ 447

1. Ist der Antrag auf Wiederaufnahme des Verfahrens nicht begründet, so ist er durch Beschluß abzuweisen.

2. Nach Erlaß des in Abs. 1 erwähnten Beschlusses ist ein erneuter Antrag auf Wiederaufnahme des Verfahrens aus demselben Grund unzulässig.

§ 448 Beschluß über die Wiederaufnahme

1. Ist der Antrag auf Wiederaufnahme des Verfahrens begründet, so ist ein Beschluß über den Beginn der Wiederaufnahme des Verfahrens zu erlassen.

2. Ist der Beschluß über den Beginn der Wiederaufnahme des Verfahrens erlassen worden, so kann die Vollstreckung der Strafe durch Beschluß ausgesetzt werden.

§ 449 Mehrere Anträge, Verwerfungsbeschluß

1. Ist die Wiederaufnahme des Verfahrens gegen ein rechtskräftiges Urteil, das die Berufung abweist, und gegen ein Urteil erster Instanz, das durch das obengenannte Urteil rechtskräftig geworden ist, gleichzeitig beantragt worden, so hat das Berufungsgericht durch Beschluß den Antrag auf Wiederaufnahme des Verfahrens abzuweisen, wenn das Gericht erster Instanz ein Urteil im Wiederaufnahmeverfahren erlassen hat.

2. Ist die Wiederaufnahme des Verfahrens gegen ein rechtskräftiges Urteil, durch das die Revision gegen ein Urteil erster oder zweiter Instanz abgewiesen worden ist, und gegen ein Urteil erster oder zweiter Instanz, das durch die obengenannte Entscheidung rechtskräftig geworden ist, gleichzeitig beantragt worden, so hat das Revisionsgericht durch Beschluß den Antrag auf Wiederaufnahme des Verfahrens abzuweisen, wenn das Gericht erster oder zweiter Instanz ein Urteil im Wiederaufnahmeverfahren erlassen hat.

§ 450 Sofortige Beschwerde

Gegen den Beschluß gemäß §§ 446, 447 Abs. 1, 448 Abs. 1 oder 449 Abs. 1 ist sofortige Beschwerde zulässig.

§ 451 Verhandlung im Wiederaufnahmeverfahren

1. Ist der Beschluß über den Beginn des Wiederaufnahmeverfahrens rechtskräftig geworden, so hat das Gericht außer im Falle des § 449 ein neues Verfahren durchzuführen.

2. Die Vorschriften der §§ 314 Abs. 1 Satz 1 und 339 Abs. 1 Ziff. 4 finden jedoch auf das in Abs. 1 genannte Verfahren keine Anwendung,

(1) wenn der Antrag auf Wiederaufnahme des Verfahrens zugunsten eines Verstorbenen oder eines unheilbar Geisteskranken gestellt worden ist;

(2) wenn der Verurteilte vor Erlaß eines Urteils im Wiederaufnahmeverfahren gestorben oder unheilbar geisteskrank geworden ist.

3. Im Falle des Abs. 2 kann das Verfahren in Abwesenheit des Angeklagten durchgeführt werden. Der Verteidiger muß jedoch anwesend sein.

4. Wählt der Antragsteller im Falle des Abs. 2 keinen Verteidiger, so hat der vorsitzende Richter von Amts wegen einen Verteidiger zu bestellen.

§ 452 Verbot der reformatio in peius

Im Wiederaufnahmeverfahren darf keine schwerere als die durch das angefochtene Urteil ausgesprochene Strafe verhängt werden.

§ 453 Amtliche Bekanntmachung des freisprechenden Urteils

Erfolgt im Wiederaufnahmeverfahren ein Freispruch, so ist dieses Urteil im Staatsanzeiger und in den Zeitungen zu veröffentlichen.

FÜNFTES BUCH

Außerordentliche Revision

§ 454 Gründe für die außerordentliche Revision

1. Stellt sich nach Rechtskraft eines Urteils heraus, daß die Verhandlung oder das Urteil Gesetze oder Verordnungen verletzen, so kann der Generalstaatsanwalt außerordentliche Revision beim Obersten Gerichtshof einlegen.

§ 455 Form des Antrags

Die außerordentliche Revision ist beim Obersten Gerichtshof schriftlich und mit Gründen versehen einzulegen.

§ 456 Verhandlungstermine

Der Staatsanwalt hat im Termin der Hauptverhandlung seine Ausführungen auf den schriftlichen Antrag zu stützen.

§ 457 Verwerfungsurteil

Ist die außerordentliche Revision unbegründet, so ist sie durch Urteil abzuweisen.

§ 458 Aufhebungsurteil

Wird die außerordentliche Revision als begründet angesehen, so hat folgendes Urteil zu ergehen:

(1) Ist das angefochtene Urteil unter Verletzung von Gesetzen oder Verordnungen ergangen, so ist der rechtswidrige Teil aufzuheben; war jedoch das angefochtene Urteil für den Angeklagten ungünstig, so ist es aufzuheben und ein neues Urteil zu erlassen.

(2) Verstieß das Verfahren gegen Gesetze oder Verordnungen, so ist das rechtswidrige Verfahren aufzuheben.

§ 459 Wirkung des Urteils

Mit Ausnahme eines Urteils nach § 458 Ziff. 1 Satz 2 erstreckt sich die Wirkung eines Urteils im außerordentlichen Revisionsverfahren nicht auf den Angeklagten.

§ 460 Umfang der Prüfung, Nachprüfung von Tatsachen

1. Das Gericht hat nur die Punkte nachzuprüfen, die in dem schriftlichen Antrag der außerordentlichen Revision angeführt sind.

2. Das Gericht kann Tatsachen hinsichtlich der Zuständigkeit des erkennenden Gerichtes, des Eingangs der Anklage sowie des Verfahrens nachprüfen. In diesem Fall findet die Vorschrift des § 393 Abs. 3 entsprechende Anwendung.

SECHSTES BUCH

Summarisches Verfahren

§ 461 Strafbefehl

Das Amtsgericht kann in den zu seiner Zuständigkeit gehörenden Sachen auf Antrag des Staatsanwalts vor der Hauptverhandlung durch Strafbefehl Geldstrafe bis zu 5000 Yen[26] oder Geldbuße verhängen. Aussetzung des Strafvollzugs, Einziehung und andere Nebenfolgen können gleichfalls festgesetzt werden.

---

[26] Siehe Anmerkung 21.

§ 461-2 Belehrung des Angeklagten über Strafbefehlsverfahren und Einspruch

1. Bevor der Staatsanwalt den Antrag auf Strafbefehl stellt, hat er dem Beschuldigten die zum Verständnis des summarischen Verfahrens notwendigen Einzelheiten zu erklären, ihn darauf hinzuweisen, daß gegen ihn auch im ordentlichen Verfahren verhandelt werden kann, und sich zu versichern, daß keine Einwendungen gegen das summarische Verfahren erhoben werden.

2. Ist der Beschuldigte mit dem summarischen Verfahren einverstanden, so muß er dies schriftlich erklären.

§ 462 Antrag auf Strafbefehl

1. Der Antrag auf summarisches Verfahren ist schriftlich und zugleich mit der Anklageerhebung zu stellen.

2. Dem in Abs. 1 genannten schriftlichen Antrag ist die in § 461-2 Abs. 2 genannte schriftliche Erklärung beizufügen.

§ 463 Ordentliches Verfahren

1. Ist ein Antrag nach § 462 gestellt worden und ergibt sich, daß der Erlaß eines Strafbefehls nicht zulässig oder unzweckmäßig ist, so ist das Verfahren im ordentlichen Verfahren durchzuführen.

2. Abs. 1 findet auch Anwendung, wenn der Staatsanwalt das summarische Verfahren ohne Beachtung des in § 461-2 vorgeschriebenen Verfahrens oder unter Verletzung von § 462 Abs. 2 beantragt hat.

3. Wird das Verfahren infolge Abs. 1 und 2 im ordentlichen Verfahren durchgeführt, so hat das Gericht den Staatsanwalt hierüber sofort zu unterrichten.

4. Im Fall des Abs. 1 und 2 findet § 271 Anwendung. Die in § 271 Abs. 2 vorgeschriebene Frist beträgt jedoch zwei Monate, gerechnet vom Tage der in Abs. 3 genannten Mitteilung.

§ 463-2 Unwirksamkeit der Anklageerhebung

1. Außer in den in § 463 erwähnten Fällen wird die Anklageerhebung rückwirkend unwirksam, wenn der Strafbefehl dem Angeklagten nicht innerhalb von vier Monaten seit Stellung des Antrags auf Strafbefehl mitgeteilt worden ist.

2. Im Fall des Abs. 1 hat das Gericht die Anklage durch Beschluß abzuweisen. Ist der Strafbefehl bereits dem Staatsanwalt mitgeteilt worden, so hat das Gericht ihn aufzuheben und den Beschluß zu erlassen.

3. Gegen den in Abs. 2 genannten Beschluß ist sofortige Beschwerde zulässig.

§ 464 Form des Strafbefehls

Der Strafbefehl hat die die Straftat bildenden Tatsachen, die angewendeten Gesetzesvorschriften, die Strafe und andere Maßnahmen sowie einen Hinweis, daß das ordentliche Verfahren innerhalb von 14 Tagen nach Mitteilung des Strafbefehls beantragt werden kann, zu enthalten.

§ 465 Antrag auf ordentliches Verfahren

1. Der vom Strafbefehl Betroffene oder der Staatsanwalt können innerhalb von 14 Tagen nach Empfang der Mitteilung des Strafbefehls das ordentliche Verfahren beantragen.

2. Der Antrag auf ordentliches Verfahren ist dem Gericht, das den Strafbefehl erlassen hat, schriftlich einzureichen. Ist ein Antrag auf ordentliches Verfahren gestellt worden, so hat es das Gericht dem Staatsanwalt oder dem vom Strafbefehl Betroffenen sofort mitzuteilen.

§ 466 Zurücknahme des Antrags

Der Antrag auf ordentliches Verfahren kann bis zum Erlaß eines Urteils in erster Instanz zurückgenommen werden.

§ 467 Entsprechende Anwendung

Die Vorschriften der §§ 353, 355—357, 359, 360 und 361—365 finden auf den Antrag auf ordentliches Verfahren oder dessen Zurücknahme entsprechende Anwendung.

§ 468 Verwerfung des Antrags auf ordentliches Verfahren, ordentliche Verhandlung

1. Ist der Antrag auf ordentliches Verfahren unter Verletzung der gesetzlich vorgeschriebenen Formen oder nach Ablauf der Frist gestellt worden, so ist er durch Beschluß abzuweisen. Gegen den Beschluß ist sofortige Beschwerde zulässig.

2. Wird der Antrag auf ordentliches Verfahren als zulässig angesehen, so ist die Verhandlung nach den allgemeinen Vorschriften durchzuführen.

3. Im Fall des Abs. 2 ist der Strafbefehl nicht bindend.

§ 469 Unwirksamkeit des Strafbefehls

Ist auf Grund des Antrags auf ordentliches Verfahren ein Urteil ergangen, so wird der Strafbefehl unwirksam.

§ 470 Wirkung des Strafbefehls

Nach Ablauf der Antragsfrist auf ordentliches Verfahren oder nach Rücknahme eines solchen Antrags erlangt der Strafbefehl die gleiche Wirkung wie ein unanfechtbares Urteil. Dasselbe gilt, wenn eine den Antrag auf ordentliches Verfahren abweisende Entscheidung unanfechtbar wird.

SIEBENTES BUCH

Strafvollstreckung

§ 471 Eintritt der Rechtskraft der gerichtlichen Entscheidung und ihre Vollstreckung

Sofern dieses Gesetz nichts anderes vorschreibt, sind Entscheidungen zu vollstrecken, nachdem sie rechtskräftig geworden sind.

§ 472 Leitung der Vollstreckung

1. Die Vollstreckung wird durch einen Staatsanwalt der dem erkennenden Gericht entsprechenden Staatsanwaltschaft geleitet. Dies gilt jedoch weder für die in § 70 Abs. 1 Satz 2 und in § 108 Abs. 1 Satz 2 genannten Fälle noch für die Fälle, die auf Grund ihrer besonderen Natur von einem Gericht oder einem Richter vollstreckt werden sollen.

2. Ist eine Entscheidung eines unteren Gerichtes infolge einer Rechtsmittelentscheidung oder der Zurücknahme eines Rechtsmittels zu vollstrecken, so wird die Vollstreckung durch einen Staatsanwalt der dem Rechtsmittelgericht entsprechenden Staatsanwaltschaft geleitet. Befinden sich jedoch die Strafakten bei dem unteren Gericht oder bei der dem Gericht entsprechenden Staatsanwaltschaft, so wird die Strafvollstreckung durch einen Staatsanwalt dieser Behörde geleitet.

§ 473 Form der Vollstreckungsleitung

Die Anordnung der Vollstreckung hat schriftlich zu erfolgen, und ihr sind die Entscheidung, eine Abschrift oder ein Auszug der Entscheidung oder des die Entscheidung enthaltenden Protokolls beizufügen. Wenn es sich nicht um die Vollstreckung einer Strafe handelt, kann die Anordnung auch dadurch gegeben werden, daß ein Siegel auf dem Original oder dessen Abschrift oder auf den Auszügen der Entscheidung oder auf der Abschrift oder den Auszügen des die Entscheidung enthaltenden Protokolls angebracht wird.

§ 474 Reihenfolge der Vollstreckung

Sind mehrere Hauptstrafen, jedoch keine Geldstrafen und -bußen verhängt worden, so ist die schwerste Strafe zuerst zu vollstrecken. Der Staatsanwalt kann jedoch die Vollstreckung der schwereren Strafe aufschieben und die andere Strafe zuerst vollstrecken lassen.

§ 475 Vollstreckung der Todesstrafe

1. Die Todesstrafe ist auf Anordnung des Justizministers zu vollstrecken.

2. Die in Abs. 1 genannte Anordnung ist innerhalb von sechs Monaten nach dem Tag, an dem das Urteil rechtskräftig wird, zu erlassen. Liegt jedoch ein Antrag auf Wiedereinsetzung in den vorigen Stand bezüglich eines Rechtsmittels oder auf Wiederaufnahme des Verfahrens oder auf ein außerordentliches Rechtsmittel oder ein Gesuch oder Antrag auf Amnestierung vor, so wird die Zeitdauer bis zur Beendigung dieser Verfahren und die Zeitdauer bis zur Rechtskraft des Urteils eines Mitangeklagten in die vorgeschriebene Frist nicht mit einberechnet.

§ 476

Nach Anordnung der Vollstreckung der Todesstrafe durch den Justizminister ist die Vollstreckung innerhalb von fünf Tagen durchzuführen.

§ 477

Die Todesstrafe ist in Gegenwart eines Staatsanwalts, eines Hilfsbeamten der Staatsanwaltschaft und entweder des Leiters der Strafanstalt oder dessen Vertreter zu vollstrecken.

2. Niemand darf den Ort der Exekution ohne Erlaubnis des Staatsanwalts oder Leiters der Strafanstalt betreten.

§ 478

Ein bei der Vollstreckung der Todesstrafe anwesender Hilfsbeamter der Staatsanwaltschaft hat über die Vollstreckung eine Niederschrift anzufertigen, die von ihm und dem Staatsanwalt sowie dem Leiter der Strafanstalt oder dessen Vertreter zu unterzeichnen und zu siegeln ist.

§ 479 Aufschub der Vollstreckung der Todesstrafe

1. Befindet sich der zum Tode Verurteilte im Zustand der Geisteskrankheit, so ist die Vollstreckung auf Anordnung des Justizministers aufzuschieben.

2. Ist eine zum Tode verurteilte Frau schwanger, so ist die Vollstreckung auf Anordnung des Justizministers aufzuschieben.

3. Ist die Vollstreckung der Todesstrafe nach Abs. 1 und 2 aufgeschoben worden, so ist die Strafe erst dann zu vollstrecken, wenn der Justizminister dies nach Heilung der Geisteskrankheit oder nach der Entbindung angeordnet hat.

4. § 475 Abs. 2 findet auf die in Abs. 3 genannte Anordnung entsprechende Anwendung. In diesem Falle ist der „Tag, an dem das Urteil rechtskräftig wird" in § 475 durch den „Tag der Genesung von der Geisteskrankheit oder den Tag der Entbindung" zu ersetzen.

§ 480 Aufschub der Vollstreckung der Freiheitsstrafe

Befindet sich ein zu Zuchthaus oder Gefängnis oder Strafhaft Verurteilter im Zustand der Geisteskrankheit, so ist die Strafvollstrekkung auf Grund der Anordnung des Staatsanwalts der dem erkennenden Gericht entsprechenden Staatsanwaltschaft oder eines Staatsanwalts der für den Aufenthaltsort des Verurteilten zuständigen Landesstaatsanwaltschaft bis zur Genesung aufzuschieben.

§ 481

1. Ist die Vollstreckung einer Strafe gemäß § 480 aufgeschoben worden, so hat der Staatsanwalt den Verurteilten der aufsichtspflichtigen Person oder dem obersten Gemeindebediensteten zu übergeben und seine Unterbringung in einem Krankenhaus oder an einem anderen geeigneten Ort zu veranlassen.

2. Der Verurteilte, dessen Strafvollstreckung aufgeschoben worden ist, ist bis zur Erwirkung der in Abs. 1 vorgesehenen Maßnahmen im Gefängnis festzuhalten, wobei diese Zeit auf die Strafe anzurechnen ist.

§ 482

Auf Weisung des Staatsanwalts der dem erkennenden Gericht entsprechenden Staatsanwaltschaft oder eines Staatsanwalts der für den Aufenthaltsort des Verurteilten zuständigen Landesstaatsanwaltschaft kann die Vollstreckung einer Zuchthaus- oder Gefängnisstrafe oder einer Strafhaft in den folgenden Fällen aufgeschoben werden:

(1) wenn die Gesundheit des Verurteilten durch die Vollstreckung stark beeinträchtigt wird oder zu befürchten ist, daß er nicht überleben wird;

(2) wenn der Verurteilte älter als 70 Jahre ist;

(3) wenn die Verurteilte seit 50 Tagen oder länger schwanger ist;

(4) wenn seit der Entbindung der Verurteilten noch nicht 60 Tage vergangen sind;

(5) wenn zu befürchten ist, daß durch die Strafvollstreckung nicht wiedergutzumachende Nachteile eintreten werden;

(6) wenn die Großeltern oder Eltern des Verurteilten älter als 70 Jahre oder ernsthaft krank oder verkrüppelt sind und außer ihm kein Verwandter für sie sorgt;

(7) wenn die Kinder oder Enkelkinder des Verurteilten noch im Säuglingsalter sind und keine Verwandten für sie sorgen;

(8) wenn andere schwerwiegende Gründe vorliegen.

§ 483 Aufschub der Vollstreckung wegen der Prozeßkosten

Die Vollstreckung der Entscheidung über die Kostenpflicht kann für die zur Antragstellung gemäß § 500 vorgesehene Frist oder, falls ein derartiger Antrag bereits gestellt ist, bis zur Rechtskraft einer auf den Antrag hin ergehenden Entscheidung aufgeschoben werden.

§ 484 Ladung zum Strafantritt

Befindet sich ein zum Tode, zu Zuchthaus oder Gefängnis oder Strafhaft Verurteilter nicht in Haft, so hat ihn der Staatsanwalt zum Strafantritt zu laden. Folgt er der Ladung nicht, ist ein Haftbefehl[27] zu erlassen.

§ 485 Erlaß des Haftbefehls

Ist ein zum Tode, zu Zuchthaus oder Gefängnis oder Strafhaft Verurteilter flüchtig oder ist zu befürchten, daß er fliehen könnte, so kann der Staatsanwalt sofort einen Haftbefehl ausstellen oder einen Justizpolizeioffizier dazu anweisen.

§ 486 Antrag auf Verhaftung beim Generalstaatsanwalt

1. Ist der gegenwärtige Aufenthaltsort eines zum Tode, zu Zuchthaus, Gefängnis oder Strafhaft Verurteilten unbekannt, so kann der Staatsanwalt bei dem Generalstaatsanwalt die Verhaftung beantragen.

2. Der Generalstaatsanwalt, bei dem der Antrag gestellt wurde, hat einen Staatsanwalt seines Bezirks anzuweisen, den Haftbefehl auszustellen.

§ 487 Haftbefehl

Der Haftbefehl hat den Namen, den Wohnort und das Alter des Verurteilten, die Bezeichnung und Dauer der Strafe sowie andere Einzelheiten für die Verhaftung sowie Namen und Siegel des Staatsanwalts oder Justizpolizeioffiziers zu enthalten.

§ 488 Wirkung des Haftbefehls

Der Haftbefehl hat die gleiche Wirkung wie ein Vorführungsbefehl.

§ 489 Vollstreckung des Haftbefehls

Die Vorschriften über die Vollstreckung eines Vorführungsbefehls sind auf den Haftbefehl entsprechend anzuwenden.

§ 490 Vollstreckung von Vermögensstrafen

1. Die Entscheidung, durch die eine Geldstrafe, eine Geldbuße, eine Einziehung, eine Eintreibung, eine Ordnungsstrafe in Geld, eine Konfiszierung, die Kosten des Verfahrens, Ersatz für Kosten oder vorläufige Zahlung auferlegt wird, ist auf Anordnung des Staatsanwalts zu vollstrecken. Die Anordnung hat die gleiche Wirkung wie ein vollstreckbarer Schuldtitel.

---

[27] In Anlehnung an die deutsche StPO habe ich den japanischen Begriff „Shukanjo" mit „Haftbefehl" übersetzt. Die japanische StPO wählte für die Festnahme zum Strafantritt einen anderen Ausdruck als für die Verhaftung gemäß § 62.

2. Die Vorschriften über das Zivilverfahren finden auf die Vollstreckung der in Abs. 1 genannten Entscheidungen entsprechende Anwendung. Die Zustellung der Entscheidung vor der Vollstreckung ist jedoch nicht notwendig.

§ 491 Vollstreckung in die Erbschaft

Die Einziehung oder die auf Grund von Steuer- oder anderen Abgabegesetzen oder Regierungsmonopolen ausgesprochene Geldstrafe oder Eintreibung kann in die Erbschaft vollstreckt werden, wenn der Verurteilte nach Rechtskraft des Urteils gestorben ist.

§ 492 Vollstreckung gegen juristische Personen nach Fusion

Ist eine juristische Person zu einer Geldstrafe, Geldbuße, Einziehung oder Eintreibung verurteilt worden und ist sie nach Rechtskraft des Urteils durch Fusion erloschen, so kann das Urteil gegen die nach der Fusion weiterbestehende oder durch Fusion gebildete juristische Person vollstreckt werden.

§ 493 Regelung der Vollstreckung bei vorläufiger Zahlung

1. Ist in der ersten oder zweiten Instanz eine Entscheidung über vorläufige Zahlung ergangen und die Entscheidung in der ersten Instanz vollstreckt worden, so gilt diese Vollstreckung in Höhe des durch die zweitinstanzliche Entscheidung festgesetzten Betrages als Vollstreckung der zweiten Instanz.

2. Übersteigt der durch Vollstreckung der Entscheidung über die vorläufige Zahlung erlangte Betrag den durch die Entscheidung zweiter Instanz festgesetzten Betrag, so ist der überschießende Betrag zurückzuzahlen.

§ 494

1. Wird eine Entscheidung über Geldstrafe, Geldbuße oder Eintreibung nach Vollstreckung der Entscheidung über die vorläufige Zahlung rechtskräftig, so wird die Entscheidung bis zur Höhe des gezahlten Betrags als vollstreckt angesehen.

2. Übersteigt der durch Vollstreckung der Entscheidung über die vorläufige Zahlung erlangte Betrag die Höhe der Geldstrafe, Geldbuße oder Eintreibung, so ist der überschießende Betrag zurückzuzahlen.

§ 495 Gesetzliche Anrechnung der Haftdauer

1. Abgesehen von der Haftdauer nach Einlegung eines Rechtsmittels, ist die Haftdauer während der Rechtsmittelfrist auf die Strafe anzurechnen.

2. Die Haftdauer nach Einlegung eines Rechtsmittels ist in die Berechnung der Strafe einzubeziehen,

(1) wenn das Rechtsmittel durch den Staatsanwalt eingelegt wurde;

(2) wenn das Rechtsmittel durch eine andere Person als den Staatsanwalt eingelegt wurde und das angefochtene Urteil durch das Rechtsmittelgericht aufgehoben worden ist.

3. Für die Berechnung nach Abs. 1 und Abs. 2 wird ein Tag Haft während des Rechtsmittelverfahrens für einen Tag Strafe oder 20 Yen[28] gezählt.

4. Die nach Aufhebung des angefochtenen Urteils durch das Rechtsmittelgericht erlittene Haft ist nach dem Beispiel der Haftdauer während des Rechtsmittelverfahrens mit anzurechnen.

§ 496 Verfügung über eingezogene Gegenstände

Über eingezogene Gegenstände hat der Staatsanwalt zu verfügen.

§ 497 Freigabe eingezogener Gegenstände

1. Verlangt der Berechtigte innerhalb von drei Monaten nach der Vollstreckung einer Einziehung die Herausgabe der eingezogenen Gegenstände, so hat sie der Staatsanwalt mit Ausnahme der zu zerstörenden oder zu beseitigenden herauszugeben.

2. Wird das in Abs. 1 genannte Gesuch nach Verfügung über die eingezogenen Gegenstände gestellt, so hat der Staatsanwalt den durch öffentlichen Verkauf erlangten Erlös herauszugeben.

§ 498 Kennzeichnung gefälschter oder verfälschter Gegenstände

1. Wird ein gefälschter oder verfälschter Gegenstand herausgegeben, so ist der gefälschte oder verfälschte Teil des Gegenstandes zu kennzeichnen.

2. Ist der gefälschte oder verfälschte Gegenstand nicht beschlagnahmt worden, so ist seine Vorlage und die in Abs. 1 beschriebene Maßnahme zu veranlassen. Gehört der Gegenstand jedoch einer Behörde, so soll diese über den gefälschten oder abgeänderten Teil in Kenntnis gesetzt werden und zur Durchführung geeigneter Maßnahmen veranlaßt werden.

§ 499 Unmöglichkeit der Rückgabe und öffentlichen Bekanntmachung

1. Können beschlagnahmte Gegenstände nicht herausgegeben werden, weil der Aufenthalt des Berechtigten unbekannt ist oder weil andere Gründe vorliegen, so hat der Staatsanwalt dies unter Beachtung der durch Regierungsverordnung vorgeschriebenen Form öffentlich bekanntzugeben.

2. Wird die Herausgabe innerhalb von sechs Monaten seit der Veröffentlichung nicht verlangt, so gehört der Gegenstand der Staatskasse.

---

[28] Nach dem „Gesetz über die vorläufige Berechnung der Geldstrafe usw." von 1948 wird dieser Betrag in 200 Yen umgerechnet.

3. Auch während der in Abs. 2 genannten Frist können wertlose Gegenstände beseitigt werden und schwierig zu verwahrende öffentlich verkauft und der Erlös verwahrt werden.

§ 500 Antrag auf Befreiung von der Vollstreckung der Prozeßkosten

1. Kann eine Person, der die Kosten des Verfahrens auferlegt worden sind, diese wegen Mittellosigkeit nicht bezahlen, so kann sie gemäß der Gerichtsordnung Befreiung von den Kosten im ganzen oder von einem Teil derselben beantragen.

2. Der in Abs. 1 erwähnte Antrag ist innerhalb von 20 Tagen seit Rechtskraft der Entscheidung über die Kostenpflicht zu stellen.

§ 501 Antrag auf Auslegung

Entstehen dem Verurteilten Zweifel hinsichtlich der Auslegung der Entscheidung, so kann er bei den erkennenden Gerichten Auslegung der Entscheidung beantragen.

§ 502 Antrag auf Einspruch

Hält der von der Vollstreckung Betroffene oder sein gesetzlicher Vertreter oder Pfleger eine Anordnung des Staatsanwalts hinsichtlich der Vollstreckung für unzweckmäßig, so können sie bei dem erkennenden Gericht Einspruch erheben.

§ 503 Zurücknahme des Antrags

1. Die in §§ 500—502 angeführten Anträge können vor Erlaß des beantragten Beschlusses jederzeit zurückgenommen werden.

2. § 366 findet auf die in §§ 500—502 bezeichneten Anträge und deren Rücknahme entsprechende Anwendung.

§ 504 Sofortige Beschwerde

Gegen einen auf die in §§ 500—502 genannten Anträge ergangenen Beschluß ist sofortige Beschwerde zulässig.

§ 505 Vollstreckung der Unterbringung im Arbeitshaus

Für den Strafvollzug in einem Arbeitshaus wegen Unfähigkeit zur Zahlung einer Geldstrafe oder -buße finden die Vorschriften über die Strafvollstreckung entsprechende Anwendung.

§ 506 Haftung für die Vollstreckungskosten

Die Kosten der Vollstreckung einer in § 490 Abs. 1 aufgeführten Entscheidung sind dem Verurteilten aufzuerlegen und entsprechend den Vorschriften über das Zivilverfahren zugleich mit der Strafvollstreckung einzuziehen.

FSC
www.fsc.org
MIX
Papier | Fördert gute Waldnutzung
FSC® C083411

Kolibri 360 GmbH
Ferdinand-Jühlke-Straße 7
99095 Erfurt, Deutschland
produktsicherheit@kolibri360.de